林祖藻 主編

明清科考墨卷集

第二十四冊

卷七十
卷七十一
卷七十二

蘭臺出版社

第二十四冊 卷七十

南人有言　一節　　辛卯　曹錫寶

無恒者無一而可、善方言以警世焉、蓋無恒即巫醫爲不可作、況其進此者乎、夫子善南人之言、非欲人知所惕哉、以爲吾不解游移無定者、動曰天下事可惟我所欲爲、夫苟天下事可惟所欲

本爲下等人說法陡進一層曹方伯深理集緣漏

爲識者猶惜其用意之不專、而恐其嘗試之或敗、而況業壞名隳百無一就、卒爲愚夫婦所竊笑也、吾蓋嘗反覆人言矣、言無關乎遠大、而繹其風旨、真可砭愚而訂頑、人不足爲重輕、而播諸話言不啻至矣、而諷諫夫不聞諸子曰人而無恒不可以作巫醫、是言也、南方之人蓋常有之、一若目睹夫無恒者之致敗、以致其慨惜

之情一若深見夫巫醫之術之難精用專其勸懲之切意者南方之處一隅其民風縣雜而尚鬼其地形早濕而多疾是以長言之永

更古書華今神

之為作巫醫者戒乎而今取其言思之有異哉居業者之不可有

俱折入漆句中

初鮮終也若此哉夫人終身之業視乎始基古之人向往既端則歷

反而拓濟鄭重

之險阻艱難而萬變不撓者要莫分其意之所起夫是故得主而

開闔

有常也既明明有專詣之一事而閑一日而懈焉更閑一日而又悔焉排徊遷就之見中于隱微縱急起直追而此內已多曲折吾曰

勇一排字句疏上俱飛昂

早疑其托足之無所矣而人言已慮及之有是哉擇術者之不可見異思遷也若此哉夫人百行之關關乎一息古之人決擇既以

躋游乎片長簿後而中心安焉者終莫間其志之所營矣是故有為而輒效也既隱隱有取必之一途而涉一境而慕焉更涉一境而又慕焉依違兩可之私乘于片念即無程以進而此中不步浮沉吾固深惜其覩成之無自矣而人言特顯揭之善夫其論弥近其旨彌遠其說彌淺其意彌深不過單詞片語苞其類隱括乎修身制行之全不越卷議術敍求其肆貫徹乎勵志飭躬之大吾願無恆者繹其言而三思也

輕呼淺喚萬轉千迴乃得善夫二字神情低昂盡致真有繪水得聲繪風得影之妙 紀曉嵐

南蠻鴃舌之人

喬木者　靈觀集　韓希鳳

人與物為徒而人轉不如物矣夫南蠻鴃舌之人人而禽者也
而子且倍師而學焉抑何不如鳥之能遷乎且詩之咏緜蠻也
以無知之物而偏有知止之所識者謂能得不遷之意也乃不
謂異言異服人偏見異而思遷而爰處爰居鳥獨爰得夫我所
一為罕譬而喻覺人以無知而適類於鳥鳥反以有知而遠過
於人矣吾何以援曾子之事而復有念於今哉夫今者子師之
沒亦猶之乎曾子也向使吾子以曾子為法必將謂泰山其頹
則吾將安仰梁木其壞則吾將安放今而後惟陳良之學是學
外此即有似於良者亦不肯遷所事以事之也而矧其為南蠻

鴃舌之人也衣左衽而冠南冠以彼服奇志淫無異子臧之聚
鷸則異服必察才將謂非我族類而何敢萌棄同即異之思多
謂夥而亂謂轂以彼言語不違何殊衆鳥之自鳴則楚咻堪虞
豈得謂樂操土風而不妨存改絃更張之想然則許行而非南
蠻鴃舌之人許行而為南蠻鴃舌之人吾意子於許行必將守
先王之道以拒之謂夫藩籬之鷃烏足與之量天地之高燕雀
之微烏足與之言鴻鵠之志吾自師吾之師子自學子之學將
詩所謂溫溫恭人如集于木者吾可為子賦之詩所謂皎皎白
駒在彼空谷者吾可為子美之何也以子固能守師訓者也以
子固能學曾子者也而孰意子竟從而學之耶子豈不聞乎出
自幽谷遷于喬木乎鳴鳩則咏在桑黃鳥則歌止棘將謂悤蘢

在望。何必云三匝之依。然而鳥則擇木。木究不能擇鳥也。自卑登高之際。要恃有見遠之識者。為能卜遷地之良。不然。而南有喬木。胡為獨切休息乎。雖則集于苞栩。鴞則集于泮林。如謂爵本敺叢。何羨乎一枝之借。然而鳥猶求友。人豈可不求友也。入深出顯之機。所貴有借鑒之明者。為能得出門之助。不然。而南有樛木。胡為亦集爰止乎。子試思之。鳥特微物耳。而猶必審擇所從如此。而子顧南蠻之是學焉。抑何異乎吾所聞耶。

消納融洽鉤綰清晰

郁郁乎文哉

超等一名 宋體道 宗欽

緬周文之盛、有形容不盡者焉、夫稱以文、又擬之曰郁、郁、殆有形容不盡乎、藉非監二代、曷由得此、且制作以當王為貴、豈謂今之可駕于古哉。然。氣。運。日。隆。而。王。者。之。鴻。猷。遂當其會。故合兩代。而集一代之成。即。以。一。朝。而。擅。兩。朝。之。勝。治法與道法。其來有自。取之精者用。自宏。斯亦極美備之觀也。已。吾是以有思於。監二代之周自白魚。躍。舟。赤。烏。流。屋。與。朝。之。符。籙。一。新。而。措。為。經。綸。寧得自安陋僿乎。參。子。姒。而。酌。其。宜。有。典。有。則。聿。昭。矞。皇。之。象。自思文騄稷。玉瑤頌。劉先世之源。派已遠。而屬在孫子。豈尚仍留渾樸乎。合。

忠質而定其中蔚若炳若大著爲奕之輝試為擬之郁郁乎文哉制與時為變通風會所趨習俗所競已幾幾有踵事增華之勢而變而從時折衷規于盡善周果何如哉舉禹鼎湯盤所不及載者至此盡洩其菁英官垂三百六十而雲龍鳥火郟其規禮著三百三千而吉凶賓嘉備其數他若蟲魚登諸爾雅箴銘勒于几杖猶其小焉者也郁郁乎朝無不彰之釆物野無不煥之聲名也已（朝野二語總括）法因人而大備哲后所定賢相所釐既明明有覲光揚烈之慕而人存政舉損益運以小心周復何憾哉（琳琅滿目）統文武周召互為經營者一家自隆其作述情之深者文明養老而食禮饗禮兼舉理之順者

章成重農而吹豳鼓蜡可風雅之釋耒而遊鄉校脫劍而習騶虞又其顯焉者也郁郁乎近無不發皇之秘遠無不照臨之區也已（好起筆）辟雍之鼓鐘丕振矣赫厥聲而濯厥靈識特一時巍煥快覩爭光（長於微引觸手生波）即聖子神孫修其故業而狩圃田者悠悠旆旌瞻洛水者決決韎韐尚足震九有而作六師則當年之經天緯地概可知也而式若有夏勿替有殷猶覺謙讓而未遑雖麟之德意常新矣風以移而俗以易徵特士義民禎式茲桑訓即侯甸男衛奉其典型而庚泮（對更强）宮者大小于邁繼東海者桃李與歌猶有懷好音而知尊主則當日之黼國黻家尤可想也而監於有夏監於有殷乃以薈萃而增

興安課業　　上論　　仰止亭

美。吾舍周何從哉惜乎不及俯仰揖讓於其間也。

經籍繽紛藻采煥發王摩詰早朝詩未足侈其鉅麗原許

裔〻皇〻麟〻炳〻炳炳宏中肆外與題之體貌適足相稱也至其

驅使經典奔赴絡繹分其餘波尚足灌溉千頃田尤天與

郁〻乎文　宋

政事冉有季路

伍其坤

政事有人以與難而益彰也夫陳蔡之厄焉有政事而以冉有季
著君子謂其材堪不朽云且夫以迹論人者當其致身通顯大行
志則以為有政事才若其淪落不偶患難不能自免則謂碌碌焉
所表見噫嘻是烏足與言政事乎識是烏足以知政事之人乎哉
政事論其才不當論其迹身與人家國之事無論上焉經備于[illegible]關出聖門之政[illegible]月精手
焉無利于民即救弊扶衰而成就者舉非遭逢之所流不[illegible]
謂之有政事也一身處於草莽之中[illegible]可[illegible]徹底湖可以輝
廊廟即韜光匿[illegible]當此宏纔非[illegible]可孤不得謂之[illegible]

小題識[illegible]

丹稜延平府學

小闈箴

月課延平府學

政無事也若是　推兵有季路焉之尼　每於政事之上見

而專恤故道大矣容於本其月氣許之　初於　待試在夫子亦

已矣何有千二千然而道自亨也觀足矣　百姓不難發于

卑觀其强兵之志千乘八難屑千安全百世之憑猶稱背不置也

當場尾之會而並追隨于左右幾忘天之厄予寧甚也一人之忽才

熟視此事之日亂而不憂故學成是用雖有為宰治賦之略而柳于

米有崙人不忠才言之概然

下咏社常世欲用之矣至异欲綴之然而學介充也試以煩劇之任

藝若何難應之以從容試以艱大之任果着何難出之以決斷間豈

之上常拱重不已焉乃值飛兕之悲而並倡和于絃歌爲知人之患

于實深也而今夫子或得志于時而二子亦奮袂而起則或以紓國難或以奠民生同心共濟于以挽運會之窮而肯輕為小試哉就令夫子終不合于世而二子猶執經而侍則或與商治略或與溯先猷聚首一堂有以慰離索之感詎不增光函丈哉乃今若將欲適衛適石歡宴樂之餘誼為撥斷于風塵將徬轍與而開梵蔡之津緣徐同也千秋在此聚散之不常以離思之代切也

墨氣如虹

政事　伍其坤

季路

任啟運

以勇行之略處困極之時尤可慨已夫季路之政事才優于冉有
而陳蔡之厄亦坐困焉能勿慨然哉昔陳蔡之圍諸弟子多從于
借顏淵形
將樂者惟一顏淵慍者惟一子路吾以為非顏淵不能樂非季路
即承顏淵說下
不能慍也何也否之則藏固君子之素履而時當其厄究未知夫
天竟何如命竟何如不容何病亦君子之素心而遇處其窮寧遂
又借冉有相
漠然于道之將行道之將廢且季路者其欲用才更非冉有比也
形　即承冉有說下
人止知三年報政由與求同而不知有勇知方即匡坐而餘往往
則當此上下無交之日其激昂慷慨應倍見于眉宇之間人止其知

任翼聖稿　論語

私門託迹由與求又同而不知墮都出甲即小試而大有為則當此大節在三之時其正大光明應更著其匪躬之節所以當官者聖人不慍顏淵不慍（結過顏淵）惟子路獨慍蓋其果毅之才未達于禮讓故（結過冉有）發憤而作亦不平而鳴諸子不能慍冉有不能慍惟子路獨能慍蓋其明斷之略抑鬱無所施故為天而悲亦為人而憫政事才如季路安能坐困陳蔡閒不一色慍與不然乘桴之從且引為己喜（妝到）豈曠野之率遽引為己慼哉乃治賦之使方齋志于宗邦而覆醢（不及門）之悲已驚心于衛事環顧及門由何在也此祝予之嘆所以繼獲麟而泣下也

蒼京鬱律。皆本色語。故爾平粹。胡京處先生

激昂感喟。并仲氏精神意趣而有之。王畀皆

亦文家傳會之法。自高手出之。但驚其奇確。不見其支離。荊其章

用愠見為主意。邀顏淵為遠客。請冉有作近隣。恰是一個從陳蔡不及門的政事子路。吳方來

政事冉有季路文學子游子夏

乾隆乙卯　江筠

繼德與言進詳之、而政事文學有人矣、夫由求游夏偕從陳蔡者也。若者政事若者文學不當日而誌之乎且抱濟時之略。寧不克濟一身。蓄稽古之功。豈不足持時變。則優仕優學之英宜阨窮之不及矣。乃才猷裕而偏蹇。齎積華而幾湮。此在三之節有以致之乎。則為斟酬知之具。核載道之真。又安能已事後之歎歔也。德行言語諸賢既歷歷矣。而豈僅已哉。今夫禮以知政。而夫子之政邁百王焉。夏時殷輅周冕損益兼三代矣。吾黨服習有志皆得于經世大法分餘緒以赴功名因以有政事而冉有季路其最著也其內之以立體者一為果而一為藝性功有以宰宏猷其外之以致用者一任兵而一任農明略有以懸應績以蒸懷抱利器宜膺仕之久曆而當其時且群然在難也經綸既莫與亨屯而資斧升幾（波瀾）于褰旅數不已哥乎且夫從兵之距亦正因政事故耳二國之設（微貫）行多外故溫良榛必聞之恭知難免于刺譏三月之攝相有徵故柄用窺來聘之誠早相屬于危禍則聞此為強為富各有專優抑（婉推宕頓挫之致）又其所欲一燼者也今日溯所嗶之凶知難殲我國士顧何以從（常登）政可使業明喻于當途而其臣可為卒難邀于公室且以家臣邑宰效一職焉而用矛償一見于齊師結纓并灤翟夫衛難也此祝

予之□所以繼喪予而於此更念均有沒而莫與為也天未喪文
而夫子之文絡文王焉詩書易禮春秋折衷周六藝矣吾黨好古
有求皆得于日用雅言瀕備英以寔道術因以有文學而子游子
夏其最著也其源之合以標著一筆一削之亂承同歟能于辭之
贊其流之分以衍者為本為末之具備各數術于數之施以茲大
雅典刑宜風流之共慕而當其時且相率受經也人文萃資以成
從而用晦至甚以明夷道不既窮乎且夫瀕野之樂猶不該文學
表耳習禮致求□之恩而絃與伐檀異意故講誦不輟于絕糧知
義發在陳之思而絃則成章滿前歟絃歌且憑以名問則頌益佩

塞衡華洛爵寬得抑又所堪爲慰藉者也今日追萬萬之困幸莫黼我儒林頗何以吾道其南托學嘉來與雍而名山有述索居并隔西河又況微言大義蘊鴻業焉乃化民僅小試之割雞而訂古祇相推以亥豕也此得人之問雖已廣及門而於此頗思昔類聚而感懷者也嗟嗟立德立言既多願彥爲治爲學復集羣賢雖遺逸之不偶乎而人才之藏抑亦可以識教思矣

跟定牽旨吞雲夢而撼岳陽　黄正儀

縱橫馳驟而大比中工力悉敵洵是文壇飛將　周玉堂

政事

李甡麟

才有達于用者而以政事著焉夫政事之才固難其人也然而聖門之相從於陳蔡者豈德行言語之皆備而此焉獨缺耶且嘗目而憂世之患而思有以自試者此聖與賢之所同也朞月三年聖人有能易天下之具故周流列國冀得一當以擬政而行事而不虞有忌之者而困之也是亦政事爲之災也一時相從者如德行言語皆[illegible]其人矣而亦有以政事著者彼其學于夫子而素所講明者必本之于才與分素可以當其任也其可以辦其事也用則無其則而不居之揣萃熟矣彼其從于夫子而素所睹記者必酌之于時與勢若何而

（即從政事起）

（汪云切陳蔡發論）

（挽截憶）

家者以理也若何而廢者以衆也身○不○與○其○閒○而○半○外○之○閱○歷○深○矣○
正反入廢潤一筆
嗚呼春秋之政事何如哉○國則有政○而家則有事○君臣皆壞法亂紀○
首言一句轉合題高妙之筆
而○政○則○橫○也○事○則○備○也○未聞有奇材異能者之以○而○救○之○也○政○則○為○
綱○而○事○則○為○紀○大○小○皆○廢○墜○陵○越○而○政○則○息○也○事○則○隳○也○未○聞○有○舉○
賢○用○能○者○之○舉○而○付○之○也○或曰謂政事實難其人以致弱國不可使
從下云照件有李然
强致國不可使富○此世無才之患也○而豈知政事實有其從徙乃有
此○六○
才無命而絀于時○有志無力而窮于遇○此世不用才之患也○是故出
二股賢術○清○病○切○可○見○亦○一○節○題○文○章○僻○
其○才○多○足○以○安○一○世○而不能振其一身○既○不○得○有○天○才○之○柄○得○以○自○
是○嶽○起○方○可○
見○而○熟○視○乎○庸○之○人○散布于高位○而○挑○其○進○退○之○權○才○之○惟○彼○不○才○

之求惟欲甚至赫焉憑怒而使經營四方者委之草莽而幾無自全之策此日之天道豈可深言耶抑凡試其技能足以濟艱難而不足以誤其朝夕既不能忘斯世之故懷才以老而親見讒諂之徒自命為才賢而受其叢脞之務言之不信教之不能行一旦病不能興而抱此經綸天下者率之曠野而幾無以悅一日之命此日之人事豈可復問耶假使夫子得志從政則政事者皆付流先後之傳而令師弟患難相隨則政事者皆致患招尤之具惡被行人此則亦有季路是也

一轉

二字誤用

二轉

三轉方入陳

風神頓宕詞氣激昂用筆全從史記得來不謂時藝中有此切

本朝歷科小題文選　論語

本朝歷科小題文　論語

〻〻〻〻〻〻〻〻

陳恭事發論　却無一節通套辭頭　汪武曹

陳恭事發論却無一節通套繇頭。汪武曹

感胃淋漓。陶中自有一段抑鬱磊落之氣。借題發抒。却語〻根突

陳蔡緊切政事。焉乎有不肯浪使寸情也。

政事　　李

政事冉有季路

卓超

濟時者不遇時宜聖人遍思其人也夫春秋所急需者政事之才也而才遇難焉謂之何哉且上天之生才不偶而斯世之需才亦甚亟矣顧有以用之則以才濟天下之變而有餘苟無所用之則以才援一時之危而不足逸乎危而獲安：：不忌危斯不覺感慨係之矣如政事之才不可繼德行言語著人而遍思之乎矢志純修懿德其謹好斷而留心於盤錯亦民物所依也風雨而而雞鳴自應屋間居之想像談言微中吾舌其尚存歟而磨試於艱難亦經綸所寄也窮達而頃我友部必無苟使之遍思然則夫子之永懷者繫何人哉其惟

月課延平府學一等二名

冉有乎當從從來之日久驅車而過衛入國矣彼熟觀夫風土人
情之可挽而勸於商確雖富教之術未敷而此中殊不忘也其又在
季路乎值危疑已解之後嘗執鞭而越陌度矣彼熟悉夫天運人
事之雜乘而出我壯然則柔靡之餘立起而用兵於何日也二千
雖不得於方城漢水之區一試其富强之技而苟得几席相隨歌壯
心於不已樂將安極耶且亦不得於上蔡宛丘之地聊效其果藝之
材而徜徉音容時擬嵩銳志之未衰快更何如矣假令冉有得從夫
子而叶囊征之吉乎則素志足民庶共展中都之略胡為乎不慶安
宅而賦鴻雁蕉波兵戈而突兕虎也抑季路或得從夫子而被同升

之雄乎則有勇知方亦聊振夾谷之威胡為乎不登皇路而困中途
徒莘曠野而飽藜藿也夫共事嚴師猶止齊師之入而卒不能挫二
國之銖天也非人也況夙敦忠信能致句繹之盟而竟不能惡陽君
之好時也亦飾也嗟夫門庭未改講誦久虛琴瑟猶存絃歌闃寂
遭逢之多難轉勝乎侍嗟夢寐之徒勞誰與獨處此夫子所以興離
索之悲也厥後冉有一仕季氏用達其才政事恃無足觀者矣
蒲燕稱善矣而仕衛亦結纓構怨深痛聖心人生不幸之遇又安可
逆料乎哉

題本風流而論文則筆歌墨舞其業秀可愛頗作珊瑚與君架樣

八閩試牘　　延平府

政事冉有季路　卓超

政事冉有　二段　孟超然

聖門有經世明道之才、即與難愈見其盛也、蓋政事以經世、由求當之文學以明道游夏當之陳蔡之役後有此四子、不愈見其盛乎、且聖人以經術經世務用行之畧與刪定贊修之功一以貫之者也傳其業者雖若分途而出可為天下立功名入可為吾黨明學問追事後而同歸寥落則聖人之繁念宜深矣德行言語之科、既云盛矣、而陳蔡之役尤彬彬大有人在也一介夫才期於經世而明道則政事文學貴矣功利雜覇之業不可以為政事聖人所謂明者二帝三王之上理而得其緒餘以綜理庶務不必預人家國

（其言正大其氣光明）

皆可信其無苟且之勛名訓詁詞章之流不可以為文學聖人所昭示者天地古今之精華而沐其芳潤以采藻六經不必著述名山皆可信其無空疎之學業則如冉有季路政事才也子游子夏文學選也維我夫子常則樂其羣從政而標果藝之稱修史而無一辭之贊固喜吾門有循吏復有醇儒變亦同其憂慍見可以當千牋之寄絃歌堪以釋虎兕之悲亦幸吾徒有真才兼有實學政

政事文學四子自于此見端雖人人所能亦要無能

莫重於兵農冉有抱足民之畧可以佐偃息之瀆於大司徒季路

合照不論也

負有勇之才可以持九法之平於大司馬平居議論其皆見之矣

著此筆遒精

而簿書期會刀筆筐篋之能皆其鄙而不足道者也學莫著於詩

禮子游皆於禮而即深於樂小試皆學道之效子夏明於詩而即通於禮感觸皆風雅之遺吾黨風流其爭仰之矣而博通故典雅擅文章之名皆其視為不足數者也一遇合不可必而夫子猶懷苟（從與雅然淡薄亦）有用我之思使予而得志於世由求皆卿才也而干戈用賦負才（是常法而文獨淋漓盡致）莫展已足悲矣所可念者私門作宰亦猶吾道之窮覆醢興悲安望懸言不入則存亡異路誰能作太上之忘情聽命不可知而夫子則有未喪斯文之信使予而獲展其學游夏皆文人也而瑣尾蒙戎雅懷抑塞不可言矣更足悲者南國言旋既非賓於蜡而遂於親西河設教方且喪其子而喪其明則南北殊蹤能無感百端

之交集雖然後世不乏才後之士攻苦之儒恨不得聖人為之師以成其材則雖經患難猶以為四子之幸也

祇完足題中應有之意而自成一篇不朽之文昔人評黃葵陽是題作云規模本領宏遠精切予謂此文亦然

陳畏民

政事冉有季路　　賴道来

政事有人而賢為足思矣夫政事亦當世所重也乃有冉有季路焉
不已是乎古學如之何弗思且吾黨經濟之華以建樹而彰也亦不
以經以而掩蓋得天地之英奇則才技咸能自効而經禮樂之陶鎔
則智勇兼歸有成邊陲可悲居安更可念也德行言語而外向之反
于陳蔡者圖不乏人矣吾夫子以以其百王綱紀之併務圖千古政其之
宗也一時及門文悉經來動和之藴熟講古人治亂之原未顯宣猷
布化之能早悟裕民衛國之略而冉有路非其選乎天下之大勢
莫患乎物產之　　以民氣之易靡非　以裕其耕桑而作其忠勇

示圖試牘　　月課示安縣學一等一名

何足與人家國　結傳冉有季路而共收曰祿常經不事官山煮海
之來訓練詎無衣裳蒿薦牧民棄馬之此固二子之所堪自信者
於國家之積弊莫患乎紛擾者不修而危疑以決非有以綜其頹
猥而精其張皇蕞足僨小民社之穴有冉有季以而理繁治劇之具
無務自可蕆成忠信明決之良大計何難力斷也亦同堂所早為折
信者也使聖人在上得二子以為之輔俾其智効一官能効一職則
有以盡其經綸匡濟之謨亦自可附諸畢散榮聞之列乃一籌莫展
曰思萬于發非真某天下問
生視其時之政繁而事亂焉夫子之不幸亦二子之不幸也能無動
曠野之悲哉然吾道莫宗借二子而蒙其難俾其智不能謀強不能

洲乃豈以發其宿求出倫之才而可以繼夫奔走禦侮之用茲萬變
俗寧孟堅其後之政成而帝理焉二子可無憾夫子亦無所於恨也
豈不生凜凜之色哉乃於此因賴兵戈且慷歌而共適今茲樸遲也
濟此風雨而神傷始知患難時亦未可多得也
當其習之既孤乃兵戈之見囿屠龍無用未免傷嗟捫蝨而譚

增氣概

政事　賴道來

故至誠如神　　劉捷

至誠不異神之知者、誠為之也、夫神固未有不前知者、而至誠如之、然則天下之至誠、仰天下之至神乎、且易有之、神以知來、夫知來而不爲之于人者、神誠爲人僞也、然而神之為道、則至誠亦能先知者、是也、萬物莫不有情、而莫之逸為情所係、明之有可見而莫之見者、情為之蔽也、神固不與情為蔽者也、有情者妄、而無情者無妄、無妄故莫不見也、夫是以曰神、聖人其甚無識、而其心有為識所隱、明之可先知而莫能先者、識為之閡也、神固不與識為錮者也、識則有心、而神覺無心、無心故所知莫不先也、夫是以曰神、蓋不可知之謂神

而神則無所不知寂然不動感而遂通而本之以無思無為夫無思
無為者誠也業幾之將動而惟精而明者鑒觀有其不爽至誠亦知
是焉而已矣不可測之謂神而神則無所不測無有遠近幽深遂知
來物而極之于至精至變大至精至變者誠也運會之將轉而權衡
而虛者去與民同患不誠亦如是焉而已矣今夫數不能離乎理
而神之知不于數而于理知以數而已而數則周有驗有不驗也蓋
吾之理不能同乎天天之理而天之所至無窮能察之至誠與神所為
歛而至于一者理也理明而物照焉窮有同符者可一綫可以造夫形
而神之知不于形而于心如以形而已而形則周其膺而其聞也雖

吾之幾寔有觸于天之幾、而天之將至、早能見之、至誠與神皆能
實而妙于無者幾也哉、動而先覺焉、實消合微者耳、一葉乎人、以為神
者真理總人匯事出天外者也、而豈知至誠則神、而神亦不外一誠
景從然出合觸乎
機也乎

都從神字倒起、轉合至誠、方無遠上之痕、而此之語意不犯複者
意思多滑、理熟也、從譜法律而無學問、則其中倚然無有、謂之未
嘗為異題可也。如神二字、卻從至誠中推出者。原批
中庸私記解此章云、幾者動之微、吉凶之先見、然幾動于彼、誠動
于此、則非盡性者不能也、至誠性與天合、故其心于天道合、氣機

○○○○○○○
之動自然先覺益所以幽贊神明爲顯藏民用者在乎贊化育
參天地之至纖細者拔特發而言之文能融會繫詞通齋之精蘊
與題理浹洽　成綱齋

前因朕晉于神字中先證合誠字見得鬼神于所以處知之顯個
禎祥妖孽者不過一實理之動而已神既不加乎誠至誠之如神
處從自然直剖不于數不于形不雜無形之跡端不倒有定之粗
見理之物照幾動先覺只是看得誠字處自該得神字着也

故至誠　劉

故君子不　與讓　　李廷機

教國之不外乎家通以理而已夫家國之理至一也亦至順也是故君子仁讓之教豈外於家而成哉且有國者孰不願治而率不可幾與為他故也彼但知教國而求知所以教也故君子不出宮闈而教洽封內是遵何術哉吾蓋有以見乎家國之理矣孝乎家也而所以事君者在焉舍孝無事君之理也弟乎家也而所以事長者在焉舍弟無事長之理也慈乎家也而所以使衆者在焉舍慈無使衆之理也其渾然者固貫乎家國之間而不可以迹泥其本然者則出於天性之內而無待乎人為吾觀于康誥而慈幼可知也吾觀于慈而孝弟又可知也是故君子之教國也緣其理之一以聯之而感通自速由其理之順以出之而

覌化自神當其在家而興愛流一家仁也而一國亦相与興于仁焉油然孝弟慈之公旁皇周浹有宛若一家者而仁之教成矣當其在家而倫敘秩一家讓也而一國亦相与興于讓焉雍然孝弟慈之行紆繆周至有儀若一家皆而讓之教成矣信乎其不出家而教成于國也向使其理本殊而有待于強則雖家喻而戶曉之仁讓之化亦豈可幾乎

脉法清真文詞亦復斐亹　峚陽

故君子不出　於國

江南劉宗師歲入常州府五名　黃世輝

教有所由成不自國而自家矣夫君子之教寧有不成于國者然固不待出家矣於國者尚其知所本哉（亦成字）且從來有治國之君子而凡國中之教成讓愛成焉然其教也非始于教之日而先有所由（一氣貫注）主其成也亦非成于成之日而先有所由基此其事在豫而其功甚切也一家之不可教而國以不能教人必何如而後可教國哉（側出通體俱靈）將舍乎家以為教乎抑冀乎國以為教乎若是者吾未見其能成（[illegible]筋節）也其不成者何也曰出乎家也然則其成奈何曰吾嘗觀之君子（損缺）矣（[illegible]）君子自修身以來即知道之至約而不求之邪[illegible]間更知本

之宜滿而務盡乎家道也故其教也不施于閨而施于家而其
故事經　而學
亦未
所也既在于家即在于國不出家而成教君子有國然者於家視
跟定修身
此身國亦視此身君子惟務立其標準而遠近莫之能外斯教家
比
此數人國亦此數君子既樹型于寓盡而推暨可以不煩一故家之
空處發揮卷舒自如
不出者非不欲出實不能出也吾自有即此即彼之故近在于目
前即會焉而數來嘗不衰亦寧肯遺在邇而求之遠也謝其既含
而將無所成于國也而謂君子能外是以立教乎當不其然抑非
不可出并不必出也吾既快可隘可廣之方切求于門內則婢焉
而教已無弗成亦何為舍近易而求諸難也夫莫甄礙而反舍以

成于國也而謂君子能辨是以設教乎惡、不其然于是而規畫以
立政事以擇舉凡各而立之、範皆其素而裕之、端且凝則静
正素則不禦乘凡庶民遵守之常莫非日用持循之要然則君子
析滴精闢鍊最緊
之不出乎家即君子之成教于家也其內反諸躬初未嘗有心于
教国及君子之成教于国亦即惟君子之成教于家也而試推其
應前
教國未始隔成夫一家一古治國之君子一出而凡国中之教靡不
作結側然收字
覩成者識是故欲識是故欲
清言畫畫筆自不凡　原評
逐字析落字字清醒理真而脈緊　朱夔一

本科考卷大編　　故君子　黄

擬議向背。節節靈通。轉捩承接。滑直是渾身筋節。知其淵源有自來矣。張履安

故君子不出　於國

江南謝宗師歲入無錫縣學　錢兆鳳

教國不出於教家君子之齊家誠意矣夫教成於國而所由成者不在國也觀於不出家而成教君子可不修身以齊家哉今夫欲治其國者固欲成教於國者也然而教之成於國驗之教之所由成則不於國操之善於教國者取諸至近而已僖夫遠者之不能外凡以握乎其原也一如家不可教即不能以教國人非不教也教無由而成也所以然者為其出乎家以求諸國也而知其故者惟君子君子知家之與國地若相懸而推之皆準教家之與教國道無二致而化有由基於是以修之者齊之周旋庭户之間凡我躬之所當盡者無不立

（照○下○孝○弟○慈○及○仁○讓）

下又仍用實一步出實步精二小比又悠揚出成教國

其準繩而秩然以為範而起視閨門之內凡我躬之所克盡者莫不奉為典則而翕然以為型若是者君子止以教其家耳止以成教於家耳初何嘗表示夫閭閻初何嘗推行夫草野初何嘗有渙汗之頒以齊民志初何嘗有科條之布以束民心然而不一者勢也而至一者情也別疏戚者分也而相感名者理也不出家而成教於國有可信者天下事信之以迹不如信之以情使必待建學明倫而始為君子決之曰此其教之成也猶隔也即此修身教家之日身不與民接心不與民期而由此達彼之情已寓故宮闈雖邇而無形之鼓動可以不戒而自孚信之以情又不如信之以理使必待化行俗美而後

教家亦還清醒次妙

時此教所而字神理乃出

家而成教之理

方見其不出

為君子幸之曰此其教之成於國也猶後也即此修身教家之日民與我未相親我與民未相見而上行下效之理已形故四境雖遐而一室之肅雍已識觀型之有本雖當出身加民或尚有紀綱法度之施不得謂教國之事盡於教家而章程竟可不設然整躬率物即或有廣狹親疏之別而要之教家之事已該教國而化導尊卑別有加以故聖王致治江漢之化必始於雎麟古典所垂平章之盛即由於親睦觀於家國之一理君子可不修身以齊其家哉

手眼獨到

滿。羅幽藪

故君子居易 二句

乙酉順天 丁雲錦

安所居而不輕所行惟知命者無幸心也夫命非可幸而致也居易以俟豈若行險之小人乎是可思君子素位不願外之故已且宇宙至奇之理其途恒出於至平而或反其途以相赴斯危境乘之夫禍祥與履錯原無交託之區而作聖與作狂恒有互爭之勢各隨乎意之所向而修之愈吉悖之愈凶遂分出焉而不相為謀也今天下有一境焉其行之而自得者必居之而甚適者也其居之而不可久者必行之而失其常者也此豈位之果殊耶抑外之償其願者有豐嗇之異耶吾于是而思君子素位不願外之故已

世路夲坦夷傾側皆由意造逸者何以休勞者何以拙從違自召皆根一念以分順逆之機在初有定分位置悉任天心靜者遵而守躁者背而馳趋舍各殊早判兩途以定安危之局夫惟天陰隲相協俟居命之所以名正也權乎命而莫可挽回亦出乎佹而無容希冀居易俟命君子所為循於素履之恒而無有倖心也而不然者大遠乎君子而漸即于小人矣禍福必致之理萬不可持不必然之説而多所僥違君子知命之學早裕於志氣之清明觀理精而紛華胥却奚至冥迷而違杌隉之形夫世之杌隉自甘者亦謂勳名之際可由機巧得耳傾何以往取之而意轉索也則反

故君子居易 二句（中庸） 丁雲錦

（深照題旨）

不如淡泊者之為甚恬矣德業可期之效萬不敢存不及待之思而轉相遷就君子立命之功更著于修持之強固砥行容而補救有權奚至輾轉而入崎嶇之路夫世之崎嶇罔恤者亦謂福澤之來可使旦夕至耳傾何以廹需之而計偏左也則反不如從容者之為有獲矣若是者明知命有定而冐險以圖功明知險在前而（得解）違命以嘗試是直小人之儌幸也而豈君子居易俟命之心哉蓋閱歷於窮區安得盡彌其缺陷而易險之判不在境而在心性天（小人句鎔化得妙）有樂境冰淵亦衽席之安屋漏有愧心夢寐亦泥沙之惕君子絕外誘以勵純脩而行法以俟正以鑒人世之傾危而益端其範聽

乘除於氣數豈能預究夫窮通而易險之徵不相形而相消聖賢何心于獲報而無奇行者無奇窮庸愚竭力以希榮而多越思者多寡步趨于順天懷以結物累而修身以俟更欲挽世途之反側而胥底于平其居易也唯其素位也其俟命也惟其不願乎也彼行險之小人不當知所返耶而反求之功更可証矣

鎔鑄下句力大則輕至其吐詞亢爽可想見其胸懷浩落不可一世之槩

居易　丁

故君子居易以俟命

科入二名　候官林人櫆

居乎易以俟命、君子之所以自得也、盖君子惟居易則命聽以俟矣、是足見素位不願外之故耳、今夫實而可憑者人道虛而難必者天數而尚非盡人事之當然以不能以目前之率履辭諸大而無難君子之素位如是不願外如是是可以愈知君子矣我自有一位共藉之為憑依惟安汝止斯坦坦者皆順途矣即而觀之何其易也而出其位為外貴處之以從容不怍於六斯冥冥者淆常主矣接而稽之莫非命也故君子知當境自具其蕩乎而本分之地祇求無歉揆乎理而其合宜揣乎情知其悉協其履之而當

悟者。若見其持守之過勤。而不知其隨處而安。儼如平地。因以察
彼蒼自有其氣數。而杳渺之內。無煩推測。以所遭然也。而任之以
所固然也。而聽之其付之於不聞者。若見其俛回之無衍。而不知
其分已以待可答。監觀。夫亦既居之矣。無論境有足達。見所處之
常安。即言艱難。罔出極人世所不堪者。獨自盡其遵道蕩路之用
而確然不敢或踰。且有以俟之矣。非必般無實踐。漫相推於帝謂
業已操守無慚。爲予懷所樂眷耳。尚欽承於無聲無臭之中。而退
然不敢自主。是知即位而道存。歸于大中。安乎至正。要不過於我
其所以足者。藉爲憑依。則運數循吕。其後君子所爲舍乘道之愿

〻〻於〻事之常而顧外者無當循其足信存其難知斯得於大造所流行者處以從容而天則悉具當躬君子所為盡人事之常而達於天道之隱其居易也所謂素位而行也其俟命也所謂不願其外也而非居易異以俟命哉若小人則反是矣

按部就班語語切實別有一種光明俊偉之氣溢于毫端可卜他日之遠到矣

君子居易以俟命　秦大士　魯一

職思其居。君子不謂命也。蓋命即在易中、而實出居易者之意外。君子惟盡其居之之道以俟之而已、此素位不願外之實學也、且

大氣包舉

夫人生於函天大地之內、蓋無在非坦途也、而窮通得喪實有其自然之數以位置之、使遊其宇者息心微氣於中而不敢見異物而遂焉以豈大鈞獨私此一境以為仁聖賢人之歸宿、胥是表異於庸之偶察哉。吾觀君子之無怨若彼、自得若此、而識其故矣。

眼前景况風沙五九衢直行天門闢

理與數同域而居、苟一息之尚存、此生有難弛之擔、慮萬難而自立彼蒼有眷顧之忱、報施之說、儒者不言、冥漠中固有默操其勢

劍泉　鹽巡道會四　鍾山書院超等七十　中齋

劇泉　豐熙道會　鐘山書院超等　十　中鵠

旨此。兄弟父子忠臣之氣天與人不並念而學盡其在我內謀

磊落寡多

祇此成性之存定之自天無躬但當順受其正履坦之貞幽人本

吉。恬淡中固有悲靖其緣者此實從微修身行法之功。蓋位之中

皆易也。君子居之位以外皆命也。君子俟之則第見貞易以俟

針對俟字

外不已[illegible]人倫日用理道曾不關一顛躓之塗蓋我之所得為與

我之所當為者皆易也當此而履信思乎順艱阻不生恬適之衷

傑句

安土敦乎仁崎嶇不塞深潛之步而究之精微之盡顯道自彰志

高采烈

門撫琴而鳴鳥忽聞東山肴書而風雷皆驚豈有爽哉而一探諸

縮入上半截

安常處順之心不敢謂修之則吉也仍求其宅之無曠爾矣學生

士成大造實各畀以康莊之路蓋兆之所樂為與我之所難為者
皆易也務此而神明貞於所過朋從息而泰守常實蹈履本於所
安勞勤深而俯仰無愧又况乎感召之機微渺莫測流沿不義而
東陵壽終於夷求仁而西山餓死此可緊乎而一衛諸慎修思永
之學不節謂殃慶之無也益求其藏身之固爾矣且夫君子非有
意為录求深也悔吝吉凶之肯體認于動靜之交故進鍛之圖
不索隱而平之審察而得者其常失者其變居易中之研究精矣
豈徼以功能夊未殫誘為氣數之不齊所為以至命者俟命而不
伏暴棄篙焉之於天道無知消長剝復之幾力固於閑存之幸僥

使謀利之命然後入正道之心胸則施者稍誣受者皆僞居易中
愈大愈深愈精愈細
之流練深矣豈敢以人為執未盡謬謂造化之可憑祈為以立命
愿非修身以
見以立命為當然
者俟命而可使循理者自信其宅中有主一巨大而天地之肯易
簡而天下之理得此素位不願外之實學也然而不知命者多矣

精理達以健筆傳以鴻藻絕似幾杜前輩得意文字　原批

亭亭玉立方他人奮臂瞪目言之者此獨蘊藉出之諸葛君豈非
名士　程載熙

言皆高遠而入理至深至細彼門外顢頇不解道其隻字　譚時禹

原本道邈岸然自異非過江人物紗帽隱囊可比　陶衡川

故君子居易 一節

乙酉 順天 二名 孫梅

即所居而命存焉、惟君子能安之也、蓋位在此即居在此、敬以俟之、為至易也、觀于小人而益信君子知命之學哉（秀潤語）、且學者惕若無咎、果安所得自適之一境哉、而不知以危操心、寔未嘗以危處境、蓋其敬慎不敢者、默契乎天人志氣之原、則雖極之杌棿之途、而仍不失蕩平之樂、縱未嘗無憂患之思乎、而要非俛然不終日者此也、蓋歷觀君子之所行、而無不自得如此、乃不禁恍然于所居矣、恍然（飛動）于所居之有命矣、人事無平陂往復、至人亦何自寫其性情、惟喜怒哀樂之交攻隨值焉、而百端交集、動靜所以安于止也、

造物無風雨露雷大聖亦何因成其學問惟悔吝吉凶之相待潛
伺焉而環轉無窮進退之所以貞于時也今夫屈伸遞運理有难
誣修悖持權責無旁貸凝命有基固不敢虛祈天之學厥居相協
復何敢馳出位之思其在易曰履道坦坦盖言易也所以叶幽人
（明哲）
之吉也而不然者勝矣聰明材藝賦質非無可觀而徑寸靈一
誘于雜投之嗜慾將禍機所伏既溺心而不復自知清夜旦明性
（品具圓）
天有時激發而崎嶇蹇步即存于至捷之徑途雖中道思遷一失
足而不能復返噫此其為小人而已矣夫乃嘆君子之審此也至
明而持此也至力一否泰本當前而立判而不惺以先幾之早識則

意見偏滑豈必借傾軋之端以对鏡而弥形其澁而第覺存乎世者皆畏途即知存乎我者有定位而無幸心者無暢志故袞衣宛覲異地猶傳九罭之吟兇虎堪傷曠野不廢三終之奏神明本隨在而可通而不篠以純一之精心則捺持未固豈必歷憂虞之地以参观而始休其心而第于命之中有尊貴即不復于命之外有
學○小○出○力○中○藏○陵○
逸思而行之正者居之利故蒙难堪稽柔順尚傳于爾日莫知興巽怨尤早泯于當年請進而詳反求之功

理從開頭看得氷解的破而以研練出之殆少陵所云雷霆走精鋭者 廖古檀

〇〇〇故君子居易以俟命

科入一名　侯官　陳花開

君子居易之學能立命以俟命也夫天下有居易之君子則不言命而命立矣故居以俟之其素位不願外也以此知且所貴乎君子者不與造化爭權而自有其權能知天地定位而自正其位故以有主而靜者盡諸已而以無欲而通者聽諸天皆此者吾以歸之居易俟命之君子夫君子固與道爲一者也道之費也蕩乎以見動靜之寬道之隱也粹精以窺性命之蘊道盡乎已則以正其趣而性情悉化道存乎境則不競乎物而寵辱皆忘其居易以矣命也吾以知君子之故耳君子有以排衆欲而危疑不設於中君

子有以兵來理而安敦悉全乎性坦坦者固已無地不然是其居
易也有道以爲居也不然者豈真以養寧靜之福不無盤結以於
覬覦之發其能遣厭素志否耶則君子之素位有自來爾君子有
以正道心而大化可得自主君子有以黜人心而非分不敢妄干
然然者固已聽其自至矣其俟命也有道以爲俟也不然或由天
而有崇修之報即有矯至而爲非義之獲其一無所紛營否耶則
君子之不願外非所然爾夫窮通者數耳有時數不能拘困乘者
安知不轉爲顯榮君子寧優游以處有道之天而行吾素者自在
也故視其所居即爲正路而何知乎岐出之塗得喪者時耳間或

乾隆乙丑　蔣元益　時菴

故君子居易以俟命

明白得而不求人之實。知君子之中庸也。（說本朱子）蓋惟無入不自得。故能居易。惟正己不求人。故能俟命。自非中庸之君子。孰能之。子思謂夫位有不齊。履素為貴。外無可欣。逐物則遷。君子之無入不自得而一無所求於人者。（領脉清真）豈有他故哉。亦惟於所居所俟者審也。（點出居俟二字）蓋天下境遇不無順逆。（二比領清題面）而嚮乎有至當之途可由。然由之者。所謂易也。（出易字）人事不無得喪。而嚮乎有一定之數可安。然俟之者。所謂命也。（出命字）易之所在。即命之所在。（二比反跌）而未嘗居之。遂以為造化之推遷無定。命雖難知。而易則可守。（五一筆）惟不能俟之。遂妄意人世之榮枯可致。（轉到君子）君子無

二比如題順做清字
是也君子之宅心也寬以居之藏焉修焉但見其作德之休而已
矣至於外至之物則姑以俟之若曰是有命焉不可强也一任乎
時會之來而自如其性分之素何坦坦也君子之處世也和以行
言閒意詠能以少許勝多許
之優哉游哉但見其順理之裕而已矣至於外來之遇則徐以俟
樂天道理
之若曰莫非命也無可冀也一聽乎氣數之乘而無加乎性天之
亦即在此
二比順逆串發股法不複
樂何安安也蓋修德獲報居易者利利可以立命然君子秪盡其
在我而無容心焉所以無入不得而獨全其素位之常一求福不回
微轉上文法密
俟命者徒徒終身居易然君子悉聽其在天而無所事焉所以正
理趣洋溢
己不求而絕去其願外之意是故鳶飛魚躍皆成自得之機弟友

子臣俱屬反求之實此君子所以依乎中庸而無忌憚者反是矣

欽才就法鍊氣歸神此種風格直可以典武帰唐餘子不足道

也 王祖望

字字諦當語語細密理題僅見之作 陳建亭

處處根定上文得總結神理入之渺然出之了然清真刻露一

洗浮靡 江翰船

故君子居易以俟命

科八十六官　四名　　顏聖恩

以居易爲俟命之學、君子之自得非偶然也、夫非居易何以素位而行、非俟命何以不願乎外也、君子之爲君子、固有在乎此者、于思明道之費若曰、吾言君子素位不願外之學、而觀諸處境接此之間、既已行之無不當、而願之無他求矣、如是而君子之所以爲君子、不從不知乎變通、不拘者君子之推行有準也、而以爲同于游移焉、則豈爲君子之所安、堅確不拔者、君子之執義不生也、而以爲同于固執焉、則又非君子之所出、蓋君子以有主而靜者、安居處之常、即以無欲而通者、徵率君之素、固居易以俟命者也、至不可療者遇耳乃君子則視至不齊之遇而莫不各有當盡之理則甚易也吾但然居之處泰而節遇困而亨遭亂而治臨險而夷（居易俟入行上而即探射出下高）（不同等書）其安數之意無往不形其浩蕩已至不可必皆敧耳乃君子則以不可必之數而一聽諸不可知之天是有命焉其靜以俟之未來不逆已往不滯處已不私交物不比其不遠之念無時不適乎常截已人生之憂患備多豈君子而獨處乎坦途唯利害不以攖乎（語飲而）中愛惡不以攻乎外而樂行憂違初不與造物爭一日之權一境遇之順逆何常豈君子而拘守乎一轍唯得喪無與乎己窮通安乎[illegible]性至命自能與造化契通復之理蓋所居者有定而所

僥若無定安常處順之從容不能然不憂虞悔吝之並生而君子則一一引之爲分內何嘗更有所歆圖命之所賦者不一而視以爲易明無非至一常變順逆之百出不能紛淡泊寧靜之天懷蓋君子未嘗希異于分外何者足易其素守此君子之所以素位而不願乎外也

精理名言疊出不窮學有真見非簸弄虛機者可比

故君子居　顔

故君子居易以俟命

科入候官　鍾兆相
十六名

君子以理自安、不分心於數也、夫位有順逆、而君子居之、則見爲易、若命之得失、俟之而已、曾何求於外哉、且今而知君子之自得非強制也、亦非曠懷、君子之無怨非矯飾也、亦非冥情、蓋君子之

是此題真脉

所處隨在而見爲坦途、若數之不可知者、曾不動心焉、即是以觀君子、而何得不意見日舒、怨尤盡泯也、則由素位而行、不願乎外

句頭是故字之神鈍華挑關並字舟知其妙

者思之、夫亦可以愈知君子矣、夫位有順逆、然順有順之理、逆有逆之理、逆本易也、而安於所遇、則爲居易、外有得失、然得有得之數、失有失之數、有命存焉、而付之不知、則爲俟命、然命實寓於易

句俟不看作兩時兩心是理

之中途有順逆之異而數之得失即隨之固無分兩候且俟命實

明微

以見居易之專安於順逆之途而數之得失何計焉亦無分兩心

則吾見君子之所居也履之而順無反側之虞行之而宜見其旋

之吉凶同安焉逆亦安焉其處遇坦如也何其易也則吾見君子

之所俟也憑之于天莫之為而為付之于數莫之致而至得固聽

之失亦聽之其存心淡如以其命也則吾見君子之居易弗歆

居易即是俟命李□俟命益見居易工夫見道

怠也易之中不虧一念固無缺略之憾易之外不忝一念亦無忮

次言俟人回味

出之路盡其位乎在我以聽乎外之自來故素履無咎早自裕夫

樂天命之學則吾見君子之俟命非徒然也心不以命而動則

厥居益協意不以命而紛則遵道益純聽其數之自來乃以堅其分之當盡故委心順運而適以見其敦仁安土之當總之循于理者所獲自泰忘乎數者隨遇而安君子之素位而行不願乎其外也豈偶然哉

道理看得細入一分文章便覺精警一分學者一題到手但向故紙堆中覓生活求如此之理解精瑩者鮮矣

故君子居　鍾

故君子居　一句　萬曆甲午江西　魏時應

君子惟居其易而命無容心焉夫能居易者必不逆命者也故合之

便用双關說

而得君子矣嘗謂盡人事德造化者道蓋相待焉是故世豈無安土

哉而無安心豈無定命哉而無定志則未觀之君子也彼素位非有

領出居意落易字　領當　喜落命字

擇地而要其為所得為皆易也正己正以符天而要其得與不得皆

聯絡　易命居俟分對兩小股

命也易在則須臾不可離而君子踐之常安命在則轉移不可執而

轉云居易警精

君子委之任化世路不無平陂而吾行不履危地即所利用皆安宅

渴云此句居在此俟亦在此

矣身安為吉而適來適往者無加損故不生歆羨亦不生畔援任其

中股用遞講

境之所遭無不可委蛇而俟之也人情不無順逆而吾心不犯危機

慶曆文讀本新編　中庸

即所素履皆亨途矣道亨爲貴而或倚或伏者無得失故不生覬覦亦不生規避任其時之所值無不可優游而俟之也君子未嘗拘拘（又用對說）焉結一途之迹蓋亦齊參經權以並運妙變化而無端者總之樂其所見在而行其所無事此殊途共出於易而天下不得駭爲非常之原君子亦未嘗靡靡焉聽造化之權蓋亦有先後天而不違動志氣而交應者總之來無所却而去無所輓則異數同歸於順而天下不得藉爲徼命之說（此却用互說）惟其居易而以其立命者俟命兩相符也惟其俟命而以其化境者齊境兩相成也君子素位之學此足以觀矣

或先後分而中合或先後合而中分如此方無登床架屋之病乃

知先正之法不可易也。頗有典

起處領當居意落易字。領當俟意落命字。對說二股。又就易字見

得當居并就命字見得當俟。對說二股。中間居易俟命遞講二股。

後幅居易俟命又對說二股。此下又互串二股。法極變化可以

為式。文氣似平似方却儘有警句中股身安為吉語字為貴二

句融貫上下。更妙極。

故君子　　魏

故君子居　一句　二名　魏時應

○故君子居

子惟居其易、而命無容心焉、夫能居易者、必不逆命者也、故合之得君子矣。嘗謂盡人事、聽造化者、道、蓋相待焉。是故世豈無安土敦而無安心、豈無定命哉。而無定志、則未睹之君子耳。彼素位非有得地而要其為所得為皆易也。正己正以符天而要其得與不得皆命也。易在則須臾不可離、而君子踐之常安命、在則轉聆不可執、而君子安之任化。世路不無平陂、而吾行不發危地、即所利用皆安宅矣。身安為吉、而適來適往者無加損、故不生歆羨、亦不生畔援、任其境之所遭、無不可委蛇而俟之也。人情不無順逆、而吾心不犯危機

即所素履皆身逢矣遺寄爲貴而或倚或伏者無得失故不生覬覦
亦不生覬覦任其時之所值無不可優游而俟之也君子（又用對說）未嘗拘拘
焉結一途之迹蓋亦有參經權以並運妙變化而無端者總之樂其
所見在而行其所無事則殊途共出於易而天下不得駭爲非常之
原君子亦未嘗廉廉焉聽造化之權蓋亦有先後天而不違動志氣
而交應者總之來無所却（此却用立說）而去無所執則異數同歸於順而天下不
得藉爲衡命之說惟其居易而以其立命者俟命而相待也惟其溪
命而以其化境者齊境兩相成也君子素位之學此足以覩矣
或先後分而中合或先後合而中分如此方無疊床架屋之病方

知先正之法不可易也。顧有典

或對舉。或遞講。或互說。股法極變化。可以爲式。文氣雖平。却有

警句。

故君子

魏時應

○故觀於海　物也　　王渫

有見於水之大者、亦循其流焉可矣、夫觀水于海、徒矜其大無廣也、有術以類之、不自可安流而至乎、且可貴乎能學聖者非謂後言其大已也以衆流皆域乎其小而斯人能獨望乎其宗亦以衆流皆徒見其大而斯人能知聖人所自來且能安流而自尋其所以至也匪類以求不可博諭而見乎登東山登泰山孔子之自處者有然人之觀之者何如哉以水觀之也、則流水也孔子則海也觀海而必不能至于海乎天下之流水多矣不能為海而亦嘗不可為水則以水未嘗不歸于海、能以海為歸不失其為水也觀海而遂能至于海

乎天下之流水眾矣未嘗不以瀆為歸而卒難令其為水則惟海處
于至大也受衆水以為海而不能並于海以為水也故觀于海而知
百川之流皆不足以為水又何疑遊于聖人之門而知百家之說皆
倒出不滯
不可以為言則將希浩淼而馳于無涯乎是謂水之大者必絕衆水
漲次翦全不費力
以自成其大也第驚曠蕩而無以適洄乎是謂水之大者必阻諸水
而莫與為受也則亦未觀于水耳亦未有術以觀水耳試思凡水皆
水也何以水之稍大者其為瀾也迅疾而不可禦迴曲而不可止哉
絕于其瀾乃水亦既示人以所從來觀于其瀾而水亦且示人以所
即折入象韻
從入矣源遠而流自長淵深而浸始巨觀水而不于瀾是觀日月而
帶起日月句

不知其有明則不觀于水之瀾是觀日月而不思容光之何以必照也
猶為善術人者哉惟善觀水者能知水則以觀之有術也惟善觀水
者亦孫孫為水則所以為水者亦自有術也夫天下之流水衆矣流
水之為物也細矣未始不讓王于海何以涓涓之漸終不自絕其流
知其必有所極也未始不朝宗于海何以瀦潭之間各自循于其流
知其必有以為序也夫安見凡流之果難為水哉又安見流水之能
縱而趨于海哉觀海者可以觀聖矣觀聖人者亦觀水之為物焉可
矣

通體以水為主瀠洄激洑極盡波態而首節之大次節之有本末

天蓋樓偶　茲　戊戌　小題觀略

節之漸。徑緯井然。〻月句賓主得法。末句縮脚。〻句重思駿逸文

全要在細密處看。　故觀于　王

文亦悠然緊落故字得法二比氣象堂皇奇人心目

○○○故觀於海者

胡中崑科考惠安縣取列第七名　王朝琛　玉如

欲明至聖之蘊先即海以起例焉夫天下之至大不惟海也孟子念及之非欲即觀海以起例乎昔吾夫子嘗在川上有感是烟波巨浸中無不可曠觀而觸會矣願驗化機于巨川固深人以感悟而稽浩渺于滄海亦動人以睇瞻會心其不遠乎靜觀之下殊令我悠然神馳已孔子之大既登東山而小魯登泰山而小天下然則觀孔子者可恍然於其故矣兩間浩蕩之機兆於艮止者半兆於習坎者亦半對海若而神驚誰復即溟渤而領靜深之旨趣古今恢宏之象半在華嶽之間亦半在河海之際念茫然于萬頃胡

璐霞試草　壬寅

句勢展宕

起筆排奡

有霧窗偷眼之致

璐霞試草　壬寅

匆履涯涘而驗人世之觀瞻間嘗盱衡禹甸流覽寰區見夫始自星宿號稱百谷之王者海也而行行止止或望洋而興嘆或臨涯而遂反者觀於海也則欲知孔子不可即觀海而一思乎託體未極于宏深即目擊之下不免一覽而無餘海何如乎夫論其一端海之為海雖未盡其大觀而想其全量則淹涵萬彙者此海不擇細流者亦此海向洪波而睇盻覺宇宙汪洋之境不將于此一觀卜之哉本量弗臻于深廣即目覩維殷終亦俯察之徒勞海奚若耶夫言其一勺海之為海雖未極其觀止而揆其全量則統江漢之宗者此海納淮泗之派者亦此海撫馮夷而遐矚覺宇宙翕受

丁意雖如

之體不將于此一觀見之哉雖百川效順在海祇安其常何嘗有意于人知然試思晝夜不舍可識氣機之往来山下出泉爰興進脩之砥礪則以海為感觸之地安在不可以海為借喻之區靜言思之此際之息深深海其爍著耳雖萬派朝宗海亦自安其素何嘗有心于表暴然試思淵泉時出莫非五德之充周敦化川流皆為二氣之洋溢則以海為歸宿之府安在不可以海為罕譬之端言念及之此日之逵亹亹海其明徵耳觀於難為水則遊聖門者從可知矣人可不求其故乎

邑侯胡老夫子原評

注想下文却不漏淺春光小題聖手

故觀於海者難為水

李鏘

小不敵大先通其故於觀海為蓋坳之水也而觀海則衆水皆絀矣可因孔子而先通其故乎今夫世之不知尊孔子者微特學山不高也抑且學水不深何則孔子之學茫乎莫測其畔岸也浩乎不知其津涯也彼世之人徒見其望洋而阻耳豈有幸乎故一孔子也自孔子觀人言之則孔子猶太山而人不啻丘垤也自人之觀孔子言之則人猶溝瀆而孔子居然一海也則試以孔子之大作海觀則試以觀孔子之大者作觀海觀則試以觀孔子而天下渺乎小也作觀海而難為水觀河海不擇細流故能成其大以海非衆水則海幾難為

（忽詩思風言泉俱湧）

海。然。海。為。百。谷。王。故。萬。水。朝。宗。是。因。海。論。水。則。水。必。難。為。水。以。蒿。淺。之。理。觀。之。海。也。者。百。川。注。之。而。不。盈。尾。閭。洩。之。而。不。虛。天。下。有。水。焉。如。是。者。乎。川。壅。則。潰。不。踰。時。而。泉。之。竭。矣。難。乎。不。難。以。其。潦。之。勢。觀。之。海。也。者。八。年。七。旱。不。加。損。十。年。九。潦。不。加。益。天。下。有。水。焉。如。是。者。乎。雨。集。皆。盈。不。崇。朝。而。涸。立。待。矣。難。乎。不。難。庸。夫。俗。子。目。不。覩。汪。洋。浩。瀚。之。境。則。漢。之。廣。江。之。永。必。且。侈。為。奇。觀。一。自。置。身。海。岱。而。後。嘆。向。之。所。震。者。之。長。見。笑。於。大。方。也。有。向。若。而。驚。已。耳。文。人。騎。士。耳。雖。聞。波。濤。洶。湧。之。勝。然。漢。之。廣。江。之。永。猶。相。背。為。美。談。一。自。目。擊。四。海。而。後。知。向。之。所。云。者。之。不。足。掛。人。齒。頰。也。有。溯。洄。以。從。焉。耳。繼。後。海

先河祭川者有窮源之說而放乎四海樂水者自興觀止之思而進於聖門者從可知矣

用筆古峭勁若蛟龍之僵。原評

可當馬融海賦或者以為從秋水篇換骨來。徐樹敏識

故觀於

故觀於海者　二句　吳昺

游聖門者猶觀海而天下之言皆小矣蓋羣言之于聖門不異水之于海也以游聖門者視之豈不難乎且吾甚幸私淑乎孔子之澤者（借所字映上句）以孔子固聖人也夫所謂聖人者亦人相率而名之耳夫天下之人誰不思駕于聖人者乃獨歸其名于孔子彼固有以自見而不能溢其量也豈惟彼之自見即人有幸而得見聖人亦必大異乎不見之時然後歎天下之拘域內之觀而自謂極泳游之致者亦已多矣是故聖人之自處勢等于登登也者隨所至而實據之之辭也歷一境而莫與並焉又歷一境而莫與並焉惟有以出其上也豈必天下有

本朝考卷行遠集　孟子

譚善之心乎。人之於聖人。道用夫觀。〻也者。未能至而望見之〻辭。如此〻之。而謂有得焉。彼入之而亦謂有得焉。惟有以饜其心也。豈必斯人皆卓絕之識乎。即如海亦水也。觀之而雖為水矣。聖人不饜言也。遊其門而難為言矣。天下未見有能辨水者也。天下而有辨水之人。則今日之百谷朝宗者。將何往乎。遙而度之。而觀止矣。淺而嘗之。而觀又止矣。明〻有聖人之門。而甘自棄于宮牆之外。吾其若之何。而不然者。闤闠里之余總。而炫然以辭。雖有以奇淫之說相惑者。不禁與欽自失曰。是則皆水矣。天下未有能至海者也。天下而有至海之人。則今日之眾流岐出者。將無底乎。不覺其難安。斯〻之矣。不覺其難久斯久之矣明明有羣言之裹而猶眩惑于紛錯之內吾其若之何而不然者挹洙泗之微言而內斷于中雖有以新異之才自競者不禁却顧而吁曰彼已有海矣且夫天下之大者固未嘗棄夫衆小之不我抗以成其尊也不擇衆流而廣淵益著不排羣論而教況益神向使大海之與至聖已先自處于有餘則奔潰橫出之形必反大被于天下而不可禁禦故聖人每以坎德自居而後以祭河示意所以識兼收并包之功耳然天下之大者實未嘗假衆小以或可示其量也巨即如川瀆而安于會同精即如詩書而待其刪定即使小水之與衆衆者得自著于天下求望洋景行之意未能精別

其淺深而猶存焉可而實非借餘潤于支流集廣益于羣材得成其
六合陰陽之體耳甚矣聖道之大也
多精鑿之患絕輕浮之響可謂筆力如牛弩矣　原批
處處將正前變發作法才不類雖為言一句題筆陣亦開揚更得
與折一分便氣象不減大士此腊

故觀於海　不行　　吳繡琥

即水之大以觀聖、可由本而識流行之有自矣、蓋水之大也、由其有本與日月同也、不然何以行必自盈科乎、是在觀水者善會之、（從正意和題全神融結老）且天生聖人、一今古之大觀也、其體則溥博而淵泉、其用則川流（氣橫秋）而不息、此其故可以心會而亦可以象參、特是人或狃於狹小之見、徒自望洋而驚嘆、則既昧夫探本反始之論、并不揣夫源遠流長之妙、噫抑何無術之甚也、孔子登東山而小魯、登太山而小天下、此其故何哉、蓋嘗觀於水之為物、而恍然矣、今夫水固行乎地中者也、而究其極、以海為歸、欲識其歸、以觀為要、驗汪洋之勢、其聯出不窮者幾莫測挹注之何由而泝洄有心源一溯洄而究乎可接解人當如是耳而承其流者何以目觀浩浩之流形而片辭莫贊一吳澎湃之觀其一往莫禦者幾不知發源之何自而聖神有涯涘一臨流而昭然若獨會心應不遠耳而蒙其澤者何以日覽湯湯之勝槩而向若心驚吾蓋得其故于水難為言者必遊于聖人之門猶之難為水者必觀于海也噫操是術以觀水誠可謂觀止矣雖然即海有以觀水之大而舍海未必不可觀水之本一夫吾觀水之為物也潆洄激灔其津涯在望焉炫沸泙騰其發見何神也水至此抑又改觀矣而觀水者于此以為是特河海之細流已

（道下無痕）

（納六游聖門華意靈長）

（落次節臻二）

（片神行局聚跳靈）

（旋勢測）

耳作日月之末光觀可也嗚呼彼先不知明之本又奚知水之本

落何等輕捷

分明締當

觀水之不得其術往往而然然則善觀水者亦安往而不有得乎

水哉且夫觀聖人者必觀水之所以為海而學聖人者當觀流水

雖淺

清朗

之所以行一水之象至動動則泛濫靡常而未盈乎彼不能即注乎

此者勢之所禁難以越畔而趨也初何必作海若之觀乎第其經

前緊神……然

過來續之機緘早已觸境而存吾得為天下信之曰水之為物亦

宜然水之性亦至靜靜則矯踪不事而偶激乎此未能驟然于彼

帶上

者形之所格終當循序以進也夫何必窮海澨之勝哉即此動出

靜存之境象固已如在目前吾願與天下共告曰水之為物猶如

此盈科矣卽於不然吾慮其行之有所阻也要以水固主乎行而
行必有所自我孔子亦嘗于川上言之矣（結有餘情）曰逝者如斯夫不舍晝
夜孰謂觀于海者難為水而流行之故無當于觀水之術乎君子
之是術也可以見道

鈎心鬬角易入纖巧似此融結渾成理法兼到自是大方家數
少陵云意匠慘淡經營中又云裁縫滅盡針痕迹吾於斯文得
之　阮薀村太夫子

故觀於海　一句

毛學院觀風莆田縣學超等一名　宋兆元

水以海為歸而凡水無足觀矣盖水莫大於海觀海而海之外舉誰為水夫水不亦有然者乎孟子謂夫吾嘗望東山望泰山因極目東魯之國洙泗之濱一縱觀焉茫乎不知其畔岸也浩乎不知其津涯也大哉觀乎論者徒方之於江漢猶小矣我且進而觀海今夫海于天地間為巨浸言水而不觀夫海則潢汙之水亦水也行潦之水亦水也而且九川水之分者四瀆水之聚者誰謂水而獨有海乎誰謂海之外舉非水乎雖然吾謂未嘗觀海而水遂易乎為水耳試為博覽滄溟集衆水之次宗萬川歸之而不盈尾閭洩之而不屈會焉歸

［入手蒼茫有神］［托得神妙］［反面折出］

是海又恰好是聖人

爲溥博而淵泉溥溥淵淵焉時行而時止不禁爽然曰自有水以來未

瞶含聖人心手巧

一頓

有若海也觀止矣蔑以加矣而由是涯涘之水其爲涓滴者無論已

此對舉端外滙之言

即極之横流四溢勢將吞斯世而陷溺焉觀之而指爲氾濫之狂瀾

而弗放於海者也排之決之毋得與海爭趨而海獨爲不揚之波矣

此對寫含君子之言

而由是溝澮之水其爲立涸者無論已即進之支流旁出亦自成脉

絡之分明焉觀之而惜爲百川之岐趨猶未至于海者也條之析之

亦是暗籠下句二比如一

毋得與海同量而海乃爲至一之歸矣雖細流不擇海未嘗絶朝宗

比

于衆水故能涵萬有之藏而百谷歸王衆水莫能並洪波于海祇覺

爲一勺之多故自有海而凡天下之水小者見爲小即大者亦難爲

大矣。自觀海而凡天下之水。淺者見爲淺。即深者亦難爲深矣。今而後有對潺湲而方思泳思者。爲我謝曰。水哉水哉。姑舍是。勿觀耳。乃所願則學于海也。

字字關會妙絕

題是詩之比體。不從下句注射。而但就本句鋪張。縱極壯麗。與題旨何涉。文中深淺掩映。妙在離即之間。師姚叔度

句句關會下文以翫本句。揮毫落紙。自成雲烟。若誤認作賦海千言。便屬門外癡。僕會伯鍾白仙

故觀於海　不行

江蘇李學院歲入吳縣學十六名　袁鴻魁

即觀海以喻聖之大，而有本者行必以漸矣。夫觀海之大可以見聖之大，而其大固有本矣。知水之瀾必有本，亦知水之行必以漸乎。且自天一生水，而以海為歸，固無日不流行于宇宙間也。顧朝宗有會歸之象，儼定一尊，而就下無驟至之機，豈容凌節？則即翕受之莫窮其量，而尋源以溯流，陶泳聖門者，當亦於水監耳。孔子小魯小天下，不可以知其故乎？今夫峙則為山者，亦流則為水，而水莫鉅于海，引百川以俱注，合衆流而不盈，上下天光，一碧萬頃，非洋洋乎極天下之大觀哉！吾試以觀於海者，觀夫聖海為百谷

縮定起訖亦滿渾成

鈎下不覺　并映自月

當下法客

之王向若來切望洋幾輕重其流而不濫者未爲洶湧也縱觀焉而凡支分派別俱屬恒巨則可悟折服群言者寔足操文章禮樂之宗而淵涵莫罄海爲萬壑之歸向惟未經寓目幾渾忘其行而不濫者迴無涯涘也縱觀焉而凡駭浪奔濤皆非異境則可想與聞聖教者并堪麾諸子百家之說而浩瀚無涯觀海之難爲水不可以知遊聖門之難爲言而於以見聖之大也哉且夫於海而見

眺觀海說下

大之量莫可並即於水而知大之勢有由來無他本在焉故也使華騖浩漫而不溯厥瀠洄又安識其激日景而盪月光者洶有術可循也乎惟徵其瀾而歎源泉之混混無乎不流者猶日月之有

明而無乎不照所由與四海會同而川流不息也雖然觀水者固
辨○落○分○明○
恃溯委窮源之術而鑒水者亦藉注茲挹彼之機試進觀夫流水
之行潤下者其性迅而不停無異日往月來之不舍晝夜也行不
歸○到○觀○海
失信於此占習坎之孚焉倘汴焉不滿安能汩汩其來放乎海而
無虞或阻流讓者其勢沛乎莫禦亦同日出月沒之互為循環也
說以行險於此卜安節之亨焉苟引焉而竭委望滈滈不返注於
海而罔慮弗通不盈科不行流水且然彼學海而至於海者尚其
滴○滴○歸○源○工○于○運○掉○
知流水之為物哉不然咏乎漸進之旨徒逞河漢之言而不窮其
原不溯其本吾見其以蠡測海無殊以管窺天而於聖人之道終

近科考卷秀幹集　故觀於　表　五一　孟子

無從入也惟君子知其故矣

揮灑縱橫全憑大氣鼓鑄飛流直下三千尺疑是銀河落九天

張點溪

故觀於海　二句　許基

以觀海者觀聖天下皆服聖言之大矣夫聖門者群言之海也誠涵乎觀海之說彼敢以言較者亦未遊其門已耳且隨所遇而皆足（於觀遊者）

（載佳上文雖為意亦反繳得於題）

乎其勝者必其人之所見先不大者也見大則物即欲出而相勝卒莫之能勝焉曠覽皆然何獨於聖人之大而猶疑其故乎今夫水何（出波中）

（來　二比對寫以還題面）

若非水接于目者弗擴則亙瀆汪洋宜群為羨焉而惜也其未觀於海也今夫言何者非言乎于耳者不弘則百家争鳴宜群為炫焉而（就聖言　終）信也其未遊於聖人之門也聖人以明道而有言則蕩乎不知其畔

（合於意切明道）

涯而非遠浩乎不知其津涯而非深者也彼立說之家無明性彰

義之談而撥其淵源所自總不外聖人之餘緒猶之萬派分流而朝宗於海耳夫至天下之名言皆奉聖人為之宗而猶有出以相抗者是自忘其本量也與之推其門焉當望洋而嘆矣聖人以維世而有言則迴狂瀾於既倒障百川而東之者也彼好異者流縱極高談雄辯之能而騁其淫蕩之旨特自外聖人之高深猶之逆行氾濫而未注於海耳夫以天下之異詞至畔聖人以自逞而始有肆以涓攻者要非不終為屈折也誠使遊其門焉當向若而返矣此非必多其以求服乎天下也不過簡約數語舉斯世聰明才辯之士入于吾道之中者終其身弗能逾而反焉是故吾於水見海之深於日月聖

之大也世有聖人羣言其備水也皆不必以言著耳亦非又以其言

頃中對肤

老聃楊墨與孔孟同時其說不亦

以樹幟于天下也祗此平易無奇任一世窮高極遠之流出于吾道

但以肆者以洙泗之教方明也

之外者當其時不敢置厥喙焉是故天下之水至海而止天下之

此老莊漢佛於魏晉梁隋其禍至今未息

至聖人而極也世無聖人是見水而不見海也彼始得以言見耳不

然為水乎為言乎難矣哉難矣哉

閱此題文多分作上下截講者獨此都從下句運化上句只于起處還清題面二小比然仍是一串說下真能知題輕重也文更高雅越俗手意通似嘉魚原批

明通維世而松實實抉出所以然舉正學異學一齊包却掃却雖

為意中邊俱徹矣尤妙在語〻是孔子他聖亂孫不淨孟氏一生
闢先聖距楊墨淵源都本此〻之謂言有根柢中後分項一段到
底亦一筆不可互易　鍾慶仙
正喻夾寫捲艇家亦解之而言之有物益孟夫子崇正闢邪意隱
然自寓於言外則此作獨為擅場

故觀於　許

○○故觀於海　二句　張煒

遊聖門者如觀海而其餘無可觀矣夫聖人之門水中之海也既遊其門矣而於天下之言復何有哉且夫人有域於小拘於方者見世之紛紛立說輒相與驚怖其言以為大觀而不勝其望洋向若之嘆焉彼豈誠樂於自訹哉則惟其所見者止此也嗟乎亦嘗聞聖人之大乎天聖人之自處也若登山而天下之望之也若觀海細流不擇海自弘其包受之量則雖有百家衆説無不在兼收博採之中然而百谷歸王不自滿其浩淼之觀則雖有奧義微詞亦誰能出廣大之圍之外何必不可觀苟有能覽百川之所注觀

臣沒之所歸此亦觀之至已而有觀海者起而笑之門遊涓涓者何以耶而彼且褻觀耶夫人之於聖人也亦若是焉則已矣是故以聖門為海而群言則皆水也溯其源流固直接千聖百王之緒而得其會歸非群言之所參為海者乎以遊聖門者為觀海而相凡言無非水也遇其餘潤亦可抑聰明才辯之徒而使之見少非凡言之不可語於海爭雄修詞立數之士其徒每互相推許而自遊聖門者觀之則是百川之支流而可與學焉者也其去蔑然岈者正自不敵矣當群蒙爭鳴之日彼此每互相攻辨而自壁其門者觀之則直泛濫之狂瀾而不至於海者也其去溯[illegible]

正有遠甚矣。夫海未嘗原衆水以見大。聖不必描衆言以自大也。其無以處乎水與言也。然雖有水。獨不堪令觀海者見。雖有言。獨不宜使觀聖者見。其目中罔已無水與言也。夫難為水。難為言也。罔宜聖道之大如此。吾又烏乎觀之哉。

分布有韻致。正可得其妙於交柯亂葉之間。原評

清芬古淡。鶴避鷄群。案主合離。錯綜妥貼。

故觀於海　不行（孟子）　陸肇堅

故觀於海　不行

江蘇李學院歲入　吳縣學十七名　陸肇堅

觀乎大者審所本得漸之理于流水焉夫觀聖等諸觀海以其大也正以其有本也然使行不以漸水豈有能流者乎且人至于聖

從正意入妙在幽秀字高

孰不欲為觀止而以為終身行之而莫遠哉特是見小者無與乎高深窮大者空驚為浩蕩汪廣遠之途而昧所由來罔循其序吾

從前意倩沒於與文流

知其未及仰觀也亦未嘗俯察焉而一究其源流矣登山而小魯小天下不可見吾孔子乎今夫天池之間有山以峙乎其中即有水以行乎其下敦艮不遷者山之峙也周流不息者水之行也之高莫高于泰山猶水之大莫大于海也吾于此得其故矣蓋聖

門固聖言之海也頓覯之遊之者何如耳海為衆流之歸行由地
中水莫不會歸于海則衆流之歸者即為衆流之大支分離異
羣尊百谷之王此何下氏爭鳴入範圍而莫叅末議故為衆水
之宗流而無滯水莫不朝宗于海則為衆水之宗者即為衆水之
大派別離紛孰提稽天之浸此何異名家角立仰高堅而莫贊一
辭雖為水雖為言觀于海之大不可知聖人之大乎且夫聖門之
所以大並于海也要豈立之無本而驟以行之者哉使弟見其高
挹群言宗師百代朗若重離之曜力廻既倒之瀾而遂歎為茫乎
不知畔岸浩乎不知津涯也是猶觀水者徒習夫流而未觀夫瀾

迎觀日月者徒攬夫光而未覩夫明也此亦無術之罕矣固宜其
觀水之流而詳水之原也雖然昧水之原者亦何能知水之流乎
原竭者流不大進銳者勢不行盡更即流水之為物思之至動者
水之體也而動者有時而止則流不以其斷也以海之無水不容
故須瀰汪洋日月且出沒於其際然使萬壑爭趨之下而坎陷盡
其奔赴之機水之積也必不厭就下者水之性也而下者有時而
滯則流或凌其節也以海之細流亦不擇故洪濤浩瀚日月且沐浴
于其中然使百川東到之時而長限阻其會同之勢水之蓄也必
不深盈後行此學海而至海之術也而不然者馳波跳沫汩濦

用章如珠是譬

開家

東科考卷彙集　故觀於　陸五三　孟子

無倫竟也極日月照臨之地不崇朝而立遍焉無極其向若徒驚
滴滴歸源
蒙泉頓涸終阻于斷港終潰而莫由至于海也學聖者于海得其
大千瀾得其本于科得其漸則其去道也不遠矣

以正意為經以喻意為緯胸中早有定見縱筆所如自然一片
鎔成若逐步起鑪作灶文雖工巧那得如此元氣淋漓　趙錫蕃

故觀於海 不行

江蘇李學臺歲入吳縣學 陳 森

以觀海徵聖學之大、知有本者必有序矣、蓋水至海而莫並、猶言夫聖門而莫外也、觀有原之同於[illegible]明而水之漸行者、不可復接乎、今夫物之一望而靡涯。即物之推行而有漸者也。故睹汪洋之槩。既莫並其恢宏而考流行之常。初不容於淩躐。以是知勢有獨隆。即源有可溯。而欲審漸進之機者。可還問諸水濱矣。小魯小天下。以登東山登太山之故耳。今夫扶輿之氣。凝而為山者亦流而為水。彼水之流行于宇宙也。要豈汎瀾而無歸哉。觀夫盈科後進。放乎四海。則知水固以海為歸矣。欲知聖人者曷不觀於海。今

扣題○醒豁

自○然

夫海於天地間。其為物亦最鉅矣。間嘗憑高而望。見夫揚濤奔沫。波瀾縈拂於其間。日月出沒於其際。包羅眾水。滙納群流。洋洋乎

（隨手映帶。氣格疏宕。）

渤非溝澮之盈者所得而比擬也。觀於海者難為水。理固然矣。而况遊聖門者。目睹日月代明之象。心契川流不息之神。而敢逞其私見。創為異論。至與以蠡測海者同抱渺小之見識。吾于是而知海之所以為大。即聖人之所以為大也。

（落得緊。）

夫天下之至大而無外者。非即天下之有本而不窮者乎。使必謂水而無本。則俯察焉而不得其瀾。無異仰觀焉而不得其明。舍夫瀾而不知水之所自流。無異舍夫明而不知日月之所由照。睹彼洪波。亦安能以流而不息

故觀於海 不行（孟子） 陳森

者常究盈於宇宙間哉頑睹海水之奔騰既有源可溯而驗流泉之往復更有序可循彼夫掌海而未至於海者其亦嘗觀於流水之為物乎蓋有是水即有受水之處而科固受水者也雖源源而往未必盡如海水之涵洪汩汩而來來必盡若海波之灔瀲而要其淺則止盈則進者不隱然有循序漸進之形呈於流覽間哉是知徵聖人而徵之觀海則聖人（收束有力）之全量以呈驗學聖者而驗之流水則學聖者之致功有漸若夫波瀾之時出不窮又聖學之淵源所由見也水哉水哉洵堪舉而借鑒哉

題分清楚筆機流利 原評

清氣往來。題緒自一絲不走。章法亦方流圓折。具見天成。顧景嶽

故觀於　陳

故觀於海者　其瀾

歲覆莆田縣學一等四名　陳敬仁

於水見海之大、責探其本焉、蓋水之宗海、猶言之宗聖、其瀾亦本、盡觀諸水、受衍大言者必云南海北海似也謂之（實乙自喜）曰水哉水哉本在是已雖聖人猥徒造大為言乎山高則高矣由山言水就水觀彼水急湍洄㵅之然小瀾必也海乎游海則觀止矣言海則乃靡矣浩乎不知其所終極茫乎莫辨其所從生今試以羣言中之聖為衆水中之海以遊於門者為觀於海藉欲持戔戔緒論所遊焉而言為是猶更僕河川以進而為海若數也不亦難乎難之又鄭兜水者窺於河二館然是不難今夫尾閭者（百尺懸崖一片精神出）之委濫觴者水之源。天下固未見其本不立者。維水有瀾。曲而凡勢。不于何從。
則昌容帲觀。向也嘗涉乎溟渤。泛乎汪洋。稽山海之經。繹朝宗之
何以為天下之大觀盡於此矣。而無其本。則相洇於無涯。其恣汗
漫。遊。鳥足與語。洙泗之餘澤哉。噫。極水于海。仍歸水于瀾。見不廣。
其觀。狹。識不精其觀也。隮衣諸聖人。非予一人之私言爾。今
後。毋若行潦之易涸也。其惟川之不已乎。（去路杳然。）
寫水之勢筆意態橫生少陵所謂尤工遠勢古莫比也

故觀於　陳

故觀於海　一句　一名　喬之劭

水有失其爲水者可曉然於其故矣蓋第是水耳而何以難爲水也。況于海者自可以知其故耳嘗謂理以參觀而明事以互證而著。吾人欲極天下之大觀而不樂其極大者以擴其所見則天下之。足以震撼夫我者正靡涯也何以令其藐然自失乎是可以臨流而有會矣試于孔子之大而爲之借喻焉今夫二五之精結而爲山亦融而爲水坎流之象分注之則皆爲水而合聚之則獨爲海是海也者四瀆所會歸而衆水所朝宗者也一曠懷之人寄情于烟波每自謂派分支流者猶是水也而未足以槩水之奇而見勝之

二氣奮騰久取頸神滿快共倫

張上山字出水逞水奔出海局勢緊湊頓處已在個中

倒傾瀉八字

直省鄉墨得珠　孟子　戊子河南

士游心于浩渺晉自潢漢廣江潦者亦猶是水也而不可以極水之量吾試比而旋之而見其相懸之形分而衡之而得其殊絕之（句○意○奇○新）勢觀于海者不誠難為水乎天下小者可以成乎大而不可以抗（即○借○上○小○盡○下○發○論○甚○有○關○鍵○筆○意）（衰○真）乎大海固衆水之所積而成也觀之者極目尾閭而境有獨闢覺天下雖有水也不足以為水也不足以為水即以謂海之獨為水可也天下大者足以容夫小而不可以並夫小海固衆水之所望其容也觀之者驚心瀲流而情與俱移覺天下盡是水也皆圍于為水也皆圍于為水即以謂世之盡無水亦可也（更○妙）故海即有大而（義○淳○不○止○是）（海○）不居而游覽既瞻其恢宏自無童觀之客其、難為水也觀者主之

觀海者豈必阿私所好而氣象既周乎無外自攄大觀之許其難爲水也海仍自主之而游于聖人之門有不難爲言者乎

手寫本題影照孔子烟波浩渺色動神飛文亦可謂百谷之宗矣　徐敬齋

故觀於海者　為言

福建張宗師科
入長汀七名
湯秉禮

以觀海者觀聖益見聖人之大也盍觀于海則難爲水豈遊於聖人之門而易爲言哉此可觀孔子之大矣且天下事惟兩相形焉而後勝者自勝然者亦甘于自然亦惟兩相形焉而後旁觀者始見其勝者果勝然者果然也故欲知聖人者不縱觀焉不見不參觀焉亦不見也（兩句畢出）我擬孔子登東山太山而小魯小天下者豈無所見而云然哉聞嘗至魯登其堂觀其車服禮器憮然想見其為人低徊留之不能去（伏筆有情）紛恨余生獨後不親遊其門矣其言論半乘徒溯其芳嶽同此帝王之朝宗也（閒今妙）嘆觀止矣故我思孔子我思觀海矣今夫海于天地間

直省考卷選　孟子

　　

為巨漏百谷之王猶人中之聖也海之大吾不知其幾千里也萬斛歸之而不見其盈尾閭洩之而不見其竭浩浩湯湯渾無際涯此天下之大觀也起視百川之汪洋淵瀞雖皆為水蓋所見既穴則其小者不足觀矣然獨怪世之聰明才辨者矜其獨得師心自用創為奇論異說以鳴于世其徒亦相與和之泛濫浸淫騰躍宇宙亦若與聖謨之洋洋爭顯晦焉彼抱拘墟之見者遂不齊望洋而驚曰此其立言者也嗟乎彼特未遊于聖人之門故恣其狂瀾耳假令置斯人于杏壇泗水之旁目睹夫道德仁義之旨浩乎莫測其畔岸也茫乎不知其津涯也始悔向之言者真涓涓餘論不覺自慚所返矣庶知聖

（簡含巧妙）（如澄潭月印）（正喻夾寫）（又變閑妙）（說許一氣卷舒古意盎然）

門一海也遊聖門一觀海也海不必納衆水以自大而凡水皆小聖人亦不必納羣言以自大而羣言皆小文同雖爲水雖爲言也孔子之大豈可及哉

○總○點○存

總萃斯之有萬谿歸墟之勢而能使觀海觀聖處處冰乳交融然誠熟極巧生候也　王汝山

故觀於

湯

故觀於海者　照焉

楊昌霖

即觀海以形觀聖、又可進觀其有本焉、蓋莫大於海觀之者之難為水、一遊聖門者之難為言、斗則其大而有本者不又可借觀夫水與日月乎、且人日仰止聖人之道、而亦知其大而有本者、小與不可借觀而得乎、蓋汪洋難量、寓日可徵、其含宏包孕、靡窮親炙益於其浩博、要其渾涵之無外、固其蘊蓄之甚深、則俯察仰觀、其足為聖道根柢之一證者、不又可並取以觀也哉、小魯小天下、高至孔子而止矣、試更進而觀之、今夫合衆流之宗、而為百谷之王若海也、是海也、波瀾洶湧、其際日月浴其中、固極天下之大觀、而非凡水之所得名也而統衆理之會而爲人道之極者人也是聖之也天德蘊于心王道具于身固極生民之未有而非凡言所得並也然則不觀于海而凡沿沚溪潢江淮河漢衆水之奔騰猶未知其不得與海爲衡亦猶未遊于聖人之門而聞人學士諸子百家羣言之襍出猶未知其不得與聖人爲競故凡水皆水而難爲水者以觀于海之故凡言皆言而難爲言者以遊于聖門之故以聖道不其大矣乎然而有本焉要不外觀于水而得之且可測觀于水而推之試思烱波浩瀚之區奔騰之莫禦而濬發者有原湍激之滸至而時出者有含蓄非皆盈而立涸者所能與於斯

而即水以例日月日為陽精月為陰精其懸象著明以普照於天下者苟非有其原本何能無幽之不燭無微之不入耶故終古此水終古此日月其所以流而不息明生而不窮者自無難以監觀而得而或不得其術則第知水之為水而不知其源之有本肯知日月之為日月而不知其明之有本又悪能上遡聖涯仰窺道要而知其大而有本也乎是知百川爭流歸乎海衆言淆亂衷乎聖遊聖門者誠得其溥溥淵泉之致識夫光輝發越之體而循乎漸進焉則學聖而至於聖猶學海而至於海矣自非然者水不觀其瀾日月不觀其容光必照而昧〻以求是觀於滄不〻知其難為

求遊於聖人之門不自知其難爲言也其何以成章而達乎。

前後側串處甚爲得髓　評

循題之節次爲文之波瀾一氣盤旋題蘊畢舉　評

於大氣運題中仍自界畫分明具見才大心細下截水者與日[illegible]　評

略作側注一片說去不多生枝節亦合大方家手法

故觀於海者難為水　二句　萬年書

即觀海以例觀聖識其故而其難俱見矣夫水不敢與海爭大則
辭言又安敢與聖人共論也明乎其故而其難不俱見乎且吾壹
不解至聖何以遠使人發望洋之歎也彼其渾涵之區固非目耳
内而又開一氣○旋○轉○迴○分○曲○折○俱○到○
所易測而其流行之身又非口舌所能窮故有時以身入其中而
不敢見淺亦有時以身立其外而不敢見深夫是以探望洋者有
廢然而返之日矣吾大孔子擬于登山固謂所處既高則其視下
無界已然而世之欲以言測聖人者又將謂學山雖未可至于山
○波○折○有○然○
猶或可至海也而不知有難焉者則吾為原其故而推其

酉湖北

二百乙

孟子

西湖北

二百乙

雖不游大一觀海者觀也今夫同一水也無不可見為水
必一旦與之觀于海而萬派皆歸者亦百谷皆朝即稱名者有三
浩手沛然
百為支者有三千而識向若之義均莫之與京也蓋水以海為宗
而欲以凡為水者類海也雖乎不難猶是水也無不可名為水也
清老
一旦為之觀于海而大其包涵者亦要其會同雖為弱為黑者異
其形或伏或見者殊其趣而識歸墟之理皆無足比數也蓋水以
海為壑而欲以同為水者律海也雖乎不難然無他大故也觀於
攬得醒
海而後知水之難則遊於聖人之門不可以知言之難乎夫人情
無不自謂予聖者作聰明以亂舊章言之所以泥益無稽也今試

思從聖人而游者曾論二十篇哉人得附以辭與史二百年高弟
且拙于贊亦可知宮墻美富賢智所必爭之地賢智所與爭之地
奇別猶門
也原夫聚無常之師而天下幸有師留在跡之文而天下更無文
則亦浩乎莫測其津涯已矣且人情無不敢於非聖者本師心
以棄典型言之所以漫衍多肆也今試思從聖人而遊者經囚傳
而反勝終有何功儒以行而多夸人實不信亦可知闕里車服賢
與所必由之途賢智所未由之途也原夫任述不任作而聖謨已
一不可二而時論祇成糟粕則亦淵乎莫覩其畔岸而
而後知言之難也猶之觀于海而後知水

孟子

孟子

也夫聖門似海亦成大者至細不擇故擬議
依世人蠡測之見群言如水而洞酌者如量而去故朝宗
雖崖亦勤學士窮原之論將通觀海於觀瀾而歎知聖人之大仍
不可不於水監也
文勢浩一如觀濤于廣陵之江簇岳湧雲群水爭飛起立了吴青

故觀 萬一

故觀於海　不行

月課侯官一等　一名　劉元上

觀海者既得其本又當知其行之有漸焉夫觀水于海不可謂非大也因其本而及其流不又行之有漸哉且讀禮而得祭川之義而知水之可以喻聖也使學聖者不于水鑒將不知夫水之大者更不知水之所以大則夫挹彼注茲之際勢且昧夫漸至之機又何怪其望洋而嘆耶小魯小天下聖至此可謂極天下之大觀矣是安得一遊其門而與之觀聖乎然聖之大不可知惟觀于海則可見夫海之為水衆流于此會歸焉往瀾于此震蕩焉固范乎六知其畔岸也但以見汁海凡謂天下之奔潰者無非水耳至目擊

夫江漢之會於天下之莫非其支流然海之大既可見則至
之六蓋可知夫聖人之所其理若二曜之經天焉其義若四瀆之
行地矣又浩乎莫測其津涯也但未遊其門亦謂天下之岐出者
無非言耳至躬親乎洙泗之旁乃覺天下之言祇分其脈絡其難
為言也猶之難為水也聖之大為何如哉獨是欲知其大指當知
其本蓋聖人無空虛無據之章時出所以始于淵泉也彼夫一貫
有傳心源若接即水之瀾可觀矣故得其術可以觀水即得其術
並可以觀日月然而欲窮其本推當有其漸蓋兩間無窮極不息
之水原泉所以行為江長也處夫

可悟矣故天下有流而不至海之水而必無行而已三
何也蓋以水之放也必歸于海其匯也必瀦為瀾而其行也則必
限以科夫抵水之為物受之既盈者其流每沛然而莫禦而受之
未盈者其流恒竭焉而無餘夫惟科之既盈水是以有不舍之機
也不然者習坎未充曾何異紆汙之行潦且水之為物以流為性
而積厚者其流不竆以行為程而積淺者其行難繼故科既盈而
後行水是以有会歸之極也不然者溝澮立涸更何有六淺之朝
宗則甚矣水之行之有漸也使孝圣者不以漸是猶怒濤傷集與
其成[illegible]細流不系務其至海將天下有不期遍照之日月也豈理

故覌　刻

故覌刻

也哉惟全人〻〻者所可知進之有漸矣

黃太宗師原評

故觀於海者難為水

謝人驥

學始於大所見即觀物可喻其故矣蓋人心惟原有大焉者故樂取物之大而觀之也海為水之大觀海者即成其觀之大不可喻所以大孔子意即且域中有最大之境苟從震於其境推而遠之而未悉所歸將其大無外者卒莫能兩大亦自成失曼然獨絕已矣何以審量所加必舉取此最鉅者為標準而稍有不足於其量遂渺乎卑之以為無當所見不能躋躋而滿志也（神味杳然）則吾之小天下而大孔子固以有孔子而天下正不宜自小矣吾論大成之譜固杳不可幾本體之位置毫末亡有增加域之所侵遂獨據其上若

榕江會課　百〇四　[illegible]　初刻

藤善甘遯以先登而溯大共之原則觀皆自得浩博之津涯彌綸未嘗少歎神所素豫并可以造形而持衡自精於觀法此可與觀孔子者喻言其故矣今夫先（古音古篇）河後海或統彙乎其大也百川學海貴毋域於其小也觀於海者難為水觀物固亦有然者矣天下有象莫不待無象為權衡論海於水亦象之外繫非若人之同於繼美成性者相與比長絜短也乃見其為水而以水名之見其為滴而以水名之亦何殊其為水也而人心變矣群流萬派造物亦曲成（眼力深穩）其洪纖不同之象以托體於高深而無象者竟欲聚夫托體之象眼中有海且遂君胸中有海也奚為其然也天下有形莫不待象

形爲襄蓋論水至海亦形之內含又非若人與聖之齊其與知成
能者相爲稱萬較平也乃當水之未屬於海而以海期之當水之
既屬於海而以海期之㡑無庸外之乎海也而人心又變矣上著
有乎萬物亦各隨其盈虛不齊之形以效於饒潤而分形者頗欲
極夫效用之形目中有海遂竟若目中無水也此曷以故耶蓋觀
物者莫難夫得之意外亦莫難乎獲之意中夫事覩其所常習爲
之何以言難惟閱一境焉而天下無是也則所爲號難又闊一境
盡變態之妙
焉而天下愈無是也則所爲蓋難隨形揚波亦既屢闢而厭見于
目內原不可無仰觀俯察之才發以濟我聰明别裡所加經浩渺

之區而忽恍於其量始知非淺深拙者之果不可語會所也夫
乃成意外之鉅觀矣然苟非所常習難者亦誰復可為惟閱一
一意鬱作而傳諸言內
境焉而天下宜是也則難者不可不為又閱一境焉而天下尤宜
是也則難者愈不可不為習坎麗澤亦欲研慮以悅心方寸中原
自具夫陰翕陽闢之氣機以默相鼓盪生成之大人淵深之府而
如逢乎其源並信有包乾括坤者之始可以受朝宗也不覺嘆意
中之觀止矣知其故若是余願學之所樂旦暮遇之也夫

人知是題宜影射下文不知上脉尤宜領取也文亦不撫實一
語經營慘淡全為一故字鉤䰟名魄故應獨出精能　黃樂亭

一鼓而元鶴二八延頸。再鼓而白雲蓬蓬。風雨驟至矣。真德溥若不足以當之。高承漢游神於空微澹蕩之中。彌後淋漓痛快。九天之雲下垂。四海之水皆立。文之大觀如是。郭達九

故觀於海　謝

第二十四册 卷七十一

指不若人　二句　　沈麟詩

第惡所惡於指固不得諉其知也夫人苟安於不若并無惡指一念矣乃就求信觀之其知何嘗盡諉哉若謂名極目而睹一世之人幾幾都不在常情内矣然使盡反常情彼其用情之處亦無足追尋耳乃微而察之即欲遷置諸常情之外而明有一隙爲轉念一緊相量者嘆爲念不到此矣（熟情妙削反吸）則如指不若人而遂欲求信者彼何爲也夫論人而及一指亦已細矣縱今轉念爲伸豈即號爲完人也者君子原不暇動色而相咨乃一指也而已不若人固甚顯耳設今伸不復伸豈反爲人生幸事也者識者亦奚怪其據情而

塾課西學指要　下孟　集下　續集　式法

自愧噫嘻人故早自覺矣猜不若人則知惡之矣執人而語以所（類上定）

惡誰不辭以予未有知然苟就惡猜而特表之其亦無辭矣夫彼（原評）

（此段删一層明字）

惟并辭所惡於不居斯令人意索耳乃於猜不若人而既昭然也

試問顏變愧生孰為之開導也與爾本自救其靈明固已遺我以

（此段讀則字作索矣警醒）

口實殊令旁觀者得啞然而一發其覆矣執人而繩以所惡誰甘

諱其所已知然苟就惡猜而轉詰之又將自諱矣夫彼弃諱所知（此追進一層）

（取則字）

於不言猶難免人責倫耳況乎猜不若人而一憬然也為問包羞

含垢夫非難忍諸須臾者乎爾未一旋其面目雖其事過而輒忘

（此重讀則字作吹擊語責）（忘處上承照已）

殊令旁觀者得駭然而直提其所矣爾思所猜之知於何生矣嘅

念及於指而人偏有此餘明也夫明燭於一指則不若人之處皆所恥嘗即令既釋所惡彼猶必內勘焉而欣然自得也則據實以陳誰得概置諸大愚不靈之列既被不若人之知於一指或亦不屑用吾惡而人偏有此完策也夫策周於一指則惡不若人之真固已呈露於他人未識所惡亦必共証焉而導以先路也則指提而論固與我以鄭重分明之思噫指則惡矣頑獨任心之蚩而覥然人而也此可解乎哉

緊於則字與下句針鋒緊刺欲透復縮作氣自飛將軍盤馬彎弓正在一手攬挈有此遠勢

指不若人　類也　　庚午湖北　胡心安

大賢欲人知所惡而以類醒之焉夫心之視指輕重昭然矣乃徧重視指而輕視心也知類者顧如是哉且人自受形而後惟心獨尊心固宰制乎百體而不可一日或居人後也乃人之檢身者亦知寸膚之宜愛而竟百體之誰司是何輕重之不明一至乎此也如人何以不遠秦楚之路乎以指不若人故也以指不若人則知惡之故也夫一指耳而鄭重猶如是則夫尤重於指尤切於指如心者更不知其何如矣夫以指之不若而悟心之不若以指之若人之惡轉為心不若人之惡聯類雖甚靈通吾猶惜本末先後之

指明

由一步取勢

已發於其初乃第求指之若人而竟忌心之不若人知指不若人之宜惡而竟忘心不若人之宜惡念慮若茲顛倒吾更不解意氣精神之孰亂於其始則惟不知類之故耳病莫深於心而身病為從心不若人此心之精華既亡縱使軀殼儼然而皆為虛器雖與吾莫能起嗟斯哀莫大於心死而身死次之心不知惡此心之疾惡日甚繼復官骸雖具而頑然不靈雖藥石不能砭其疾視一指若圭璧視此心若螻蟻舍其大而從其小指與心若出兩人一珍其指卻則不能忘棄其心則終朝無覺忽其重而守其輕指之惡與心之惡皆為兩人之事既不權於貴賤之分而務其所不當務而

終失乎持身之本而亡其所不可亡類者不知害可勝言哉
洞見結癥不從容漿府木華力之鋭直可樂腸胃積聚斫截而
潸流之

指不若

胡

指不若人　四句　　　　蔣拭之

知有指而不知有心其用思也可怪矣夫不知不若人之可惡則亦已耳乃於指知之而於心則不知獨何意哉孟子曉人之意若曰人之喪失其心也何其無耻之甚也然使其一身之內泯然不知所以求之則以為羞惡之不存也即使其自絕於生人之理亦無怪其然也（幾句醒）乃今以指之不若人而遂不遠秦楚之路是誠知夫不若人之可惡矣夫以不若人為惡吾不謂其不當惡也以指之不若人為惡吾（幾寬趁勢擺出一箇類字來）亦不謂其不必惡也而獨是人之所為一體之微者指也所為萬理者心也所為尺寸之失養者指之不若人也所為幾希之不存

者之不若人也權其先務之急寧使其指之不伸而不可使心之不保即例以無愛之情既求無憾於此指亦當無負於此心矣而乃

一層進一層妙甚

於指也則皇然曰吾何為而獨屈也而於心則戕之賊之求與人同

按來恰好

而不得於指也則憤然曰吾何為而弗信也而於心則陷之溺之甘為人下而不辭一若以指之同具者求肖乎天生地成之形而不伸以心之同然者盡喪其繼善成性之體亦若以養其一指者求免於下愚不肖之目而不妨以失其本心者讓能於乞人行道之儔吾恐

危乎微乎危乎令人毛髮俱慄

指不若人是形氣之缺陷也心不若人是天理之梏亡也指即若人所以為聖賢若不存也心不若人所以遠禽獸者不遠也舉其小而

邃其大失其重而務其輕直謂之不知類而已矣吁是不亦大哀之甚哉

聖賢道理菩薩心腸合成一篇醒世文莫但作帖括看過左紀雲先生

指不若

指不若人則知惡之

潘明祚

指不甘于讓人、明于小者也、夫宜若人者、獨指也哉、然于一指之不若、明惡之、是亦人所知者也、吾願其推而廣之也、蓋謂今夫人之可以微而進之者、其惟此愧勵之情哉、有是情而一無所動者、吾無責焉耳、然有是情、而未嘗無所動、且于不必動者而轉為之動、夫亦信此情之可用、而知愧勵之在人者、未盡泯也、（此明其不若惡）如不遠秦楚而求信、非以指之不若人耶、獨思彼之信也、亦一指之信耳、未聞以信之之故、而因之為聖為賢之、抑我之不信也、亦一指之不信耳、未聞以不信之故、而因之為愚為不肖、其若人也、宜聽之、其不若人也、亦宜聽之、以

出惡字　撚筆說
亦無惡于指也者而不謂人情之好勝也以為天之生人耳目手足
是惡字根出
未嘗或殊而彼胡為于一情之微偏有常長抑人之承天聰明才力
前二字深一層
亦無不俗而我胡為于一指之細甘為讓美且夫豪傑之立身也往
是道从卷局法
往高自位置儕之今人而不屑焉儕之古人而仍不屑焉絕類離倫
方將什伯于吳流豈曰衆之無甚高論遂等于人而遂無惡哉而況
乎不若人也哉是以恥彼之獨能也則惡之恥我之不能也則惡之
比彼之獨能我之不能遂以相形而分其優絀也則惡之其惡之也
作知字
是亦知所惡者也惜也其所知者止此也試思一身之內其重于指
者安在乎倘由此惡而權之則必有所不啻惡以為我之不若人者

更有所屬奈之何以有用之惡而獨用之指也一舉也其于此而猶有所知也試思人之一生其用其惡者有幾焉今並此惡而去之勢必一無所惡安知我之不若人者更有何事斯亦甚樂其于一指之內而尚留其惡也獨無如至于心而不然也是亦人情之大可怪者矣

三語寫題字面眼顧題字外

全從下句挽入本題輕重賓主了然可觀而擒定惡字不瑜連上虛搖則字更能籠下躊躇滿志經綸稱妥

指不若　潘

指不若人　一節

江南鄉宗師錄遺
常熟縣貢監三名　瞿覲光

心之在人也甚重、大賢深爲不知類者警焉、夫以心而與指較、其爲類何如者、而乃明於指而昧於心也、孟子故深警之、今夫人之所以爲人者心而已、然寧乎神明之內、而其爲體也、常尊役使之官骸之屬、而其爲物也特重、盡人而具之、無不盡人而知之矣、乃觀於求伸其指者、而竊有異焉、五官原於天賦、至於指而僅爲百骸之一、四體是於人身、屬於指而僅屬一端之細、乃其不論於不若人者何、惡之也、其惡之者何者之也、盡人享指顧之樂、吾獨冥顧而無用戀焉、一若吾身也、惟此爲不可或屈之形、而其惡之也爲最切、盡人樂指

之法

來路澄清

二比有先輩息脈緩受

切切對知字

使之便吾獨旋轉而無從振振然一若吾身中惟此有不可不伸之勢而其知之所思也為最急要乎哉隔無心也乎哉一心當賦予之先其所為無私而無欲者在人不見有餘在吾不見不足固未嘗有偏全之異一心當龍躍之後其所為目括而用也指在人全其所臥有在吾若等於所本無遂不能無出入之分其在指也不過形體之偶虧其在心也實為天良之有缺其在指也不過取攜之未便其在心也實為汨沒之無存孰輕孰重乎人其惡之乎人其知之乎而無如人且聽其淪亡也與之言指則盡人而皆智與之言心則盡人而皆愚也何昧乃也而無如人並忘其培養也與之治指則盡人而皆勇

與之治心則盡人而皆懵也何惘惘也兩外本末兗忘其辨後先緩急感失其宜類之不知心之不若人甚矣後有一若人之指矣為者

迅筆寫來自成丘壑　弟鶴殼

指不若　瞿

指不若人　三句　藍綿琛

借指而悚言心為不若人者惕也夫指不若人非心等也然且知惡之况於心乎故孟子為不若人者悚言之曰人非至愚未有甘居人下者而上不足以希聖次不足以希賢撫躬自問何不若人乃爾哉（妙手法）此殆非一指之故矣然且有為指之不若人以求信者何也惡之也（提心守先氣然敵）

今夫人一身之內所最尊者惟心于心之外分而為衆體而又于衆體之中分而為一指即使自顧萬不如人亦何關於羞惡之甚者顧（語藏針）乃惡然內慚恍如幽獨之受人指摘悚然自訟儼若屋漏之有愧明（有法）神治指之嚴雖治心無以過也意彼真以為不若人矣乎吾謂指不

東江文獻

若今非真不若人也。所憂不若人者心耳。古來賢聖之業從心造不
名語
從指造人世賤類之雖從心致亦不從指致心若人不問指矣指不
不宜人與指不若人自足理刻勤心書法密
若人猶若人也心不若人亦不問指矣指即若人終不若人也夫中
正仁義天之所以與我者本常超于萬物之上而一朝邪暗喪其靈
實隳心
不若合終策曩常
明有隳終身之志行而屈不能信者夫誰則有心而不得為天地之
完人乎存養省察我之所以自克者又常近在方寸之間而旦晝牿
亡失其匪有有隣幾希於禽獸而疾痛害事者夫則有心而竟至同
息讓俞虎常
類之弗若乎噫是真不若人矣以視一指之細斤斤焉惡其不若人
者相去遠矣吾不解夫惡不若人者之何以至於心不若人也然而

吾

吾猶幸夫心不若人者之猶知惡夫指不若人也何也一念之明可用一念之恥可鼓也

前半是用高山墜石法後半是用急湍迴瀾法　李玉騏

指不若　藍

若大旱之望雲霓也　　徐斌

極擬望王師者其情亦孔亟矣蓋望之亟者莫大旱之雲霓若望湯師者猶是非其信之誰則望之哉嘗謂毒民之事驚懼生焉救民之舉瞻企出焉若夫以毒民者救民則移驚懼以為瞻企而又

取若字亦提

極天下翹首跂足之狀不足以形其瞻企之所至民望湯師果何如亟哉酷烈不深則望之情緩酷烈深而來者不足以立解則望之情猶緩膏澤不至則望之志紓膏澤至而被者不必其當厄則

頂深大旱二字一層下落

望之志猶紓而今何如乎蜀喪偕亡者不啻杲杲之出日率溥率劉不啻滌滌之山川維時救民塗炭沃以清泠即書所云若歲

大旱用作霖雨者是已、以是擬其所望、民情不大可見與、雖然時

說批雲霓二義若複云捨去寫若字自醒

而望雨也、則必先望其致雨者、蓋望王師而不得聞其先聲之至

而喜矣、望雨而不得見其將陰之兆而喜矣、聞之天降時雨山川

此句更照顧得後

出雲、之為靈昭、也、企予望之、其合也可慰、其散也可憂、民於

王師當來至而急欲其至也、何以異是、且時而望雨也、則必并望

其止雨者、蓋望王師之不已、聞其止戈之意而感矣、望雨之不已

見其欲霽之徵而感矣、聞之蝃蝀在東、莫之敢指、霓之為象亦昭

仍轉到虹之隱二字當下意始不礙

昭也、引領望之、其見也可憂、其隱也可慰、民於王師當將至而虞

此指湯師先至

其不至也、何以異是、然則虞其不至而忽至也、亳都赫濯比於廿

齊亡我而我見援於楚也猶策之善也政恐齊兵至而楚亦以滕委齊既以滕委齊又以不能事楚為滕罪且也齊至從齊楚至從

二股所謂兼一事之而

悔上是彼此互异此是彼此合并

楚既無以見小國之信而且被兵之無期即從齊不敢背楚從楚

又就専事處

不敢背齊亦必共招携貳之疑而且惡索之難繼幸而齊一戰勝

此一層上是事齊楚者自并此是并為齊楚代并

楚楚一戰勝齊則惟疆可以庇民者是從而今已無桓莊之伯幸

又就兼事處轉出一層

而楚不討其從齊齊不討其從楚如晉楚之從可以交相見而今

此處仍分對前半摘以逐滙面

又無向戌之臣且寘人聞之存三亡國盛烈已不再矣儻寘人事

六股所謂事亦悔

齊不得比於邢衛大懼隕卜正之遺封城陳蔡不羨雄國甚可畏矣儻寘人事楚虞遂夷於九縣不幾略文昭之世守介於兩大吾

若大旱之　弗止

福建泉州府學莆田縣第一名鄭遠芳

擬王師于望雨商安于市矣蓋望雨惟大旱尤切民望湯師之至亦如之其既至也不可于歸市者先徵其象乎今夫旗膏澤于如饑如焚之候天心之仁愛斯民也人君以天心為心所以使斯民不失其業者寧僅商賈皆欲藏于王之市哉古有殷先后弘矢之威等于甘霖故其民若有濡需不容緩之勢而趨赴恐後之情形先可徵之闤闠間也王師未至而有煩言民之望湯何如吾想其時父老子弟相與偶五緉之市讙與歸之說未嘗不嘆太平有日而後歸恐後也其猶若大旱之望雲雨耶夫天豈真欲以旱困若斯

民也哉陰陽失序驟爲旱魃之災豈市井之人所及料乃望雲霓
不能不于雲合虹見之交則〻也鰓〻焉爲念而望湯則亦有然結
想于旌旆之至止而四顧[illegible]前之[illegible]徧炎赫焉感會有
桑林之禱亦市肆之人所[illegible]則望雨者不得不于靡瞻靡顧之
餘汲〻焉祈天之鑒而望湯則固若是其瞻于六飛之戾止而翹
首以企群梟沛澤之沾濡嗟乎民之望湯何若是其迫哉今夫皇
[illegible]
皇求仁義者王者之師也皇〻求財利者商人之行也假使湯以
小國之君不行王政干戈一動侍衛驛騷君知憂擾懍者此旱爲
甚爲闤城市之間尚有如前之肩摩踵接者乎尚有如前之廛往

賈歸者于而且易粟易布往衆如織大都大邑景象一新吾于是
知民之望湯若望雨也蓋可于歸市弗止者而得其槪矣日中爲
市先王所以通萬物之利故刀貝泉流動關國本當不僅聲車服
賈以爲孝養之資也茲之歸市者何如予以其所有易其所無穰
鏗鏘五音備
穰熙熙夫豈其一閧而退命市納賈先王所以審好惡之情故也
官分職識寧非常亦不僅懋遷化居急謀身家之計也茲之歸市
者能遽止耶貴則徵賤賤則徵貴營營逐逐不敢欺五尺之童于
斯時也民不知兵安堵如故吾知市之人相與語于衆曰王師如
橫筆淋漓
雨其尚能濟我以旱乎而遥望田間農夫相與忭于野矣

直省歲科考卷　孟子

若大旱　鄭

中矩中規細意熨貼　原評

得機得法有致有情分明融洽一片神行中一段束上起下古氣盤旋扼要淨奇尤踞一篇之勝

若夫成功則天也

吳仲澄

歸成功於天、聖賢不予人以倖念也、夫成功者固為善之應、然以歸之天、則不可倖矣。君子之自盡、不有道哉。謂夫我周之於祖德、動稱受命之符。故曰帝謂曰西顧、往往上而原諸天、此固尊其說以相推也。而實以明此理之不爽、而愈以識此事之非常。後之人得是意而通之、則仰追前烈、亦可慨然於天人相與之際矣。如君子之創業垂統、而為可繼也、當其創之之日、未敢望克垂為統也。既以語於成功、其誰敢知、然而業由是創焉、功即由是成焉、積德者後必昌、豈謂是為蕞爾之圖已乎。當其創以為垂之日、亦第望後之能繼也而以言夫成功尤所不計然而統於是垂焉功即於是成焉蓄學者流必大寧謂是為當前之謀已乎雖然吾以為其中有天焉一天之所甚愛者民也有能愛吾民而不忍殘之以逆則天必因而眷之故當日遷地圖存若不能守彈丸之地而越世眷有天下民乃易寡而為衆則天之愛民而因以學報乎愛吾民者其理原如是也然不報於其身而報於其後則得天之理可信而命仍未可徼矣天之所常懷者德也有能脩其德而不顧必從而福之故當日避難撫衆或僅視為無策之海德乃將隱而愈彰則天之懷德而必以學償

析義確

若夫成功則天也（孟子）　吳仲澄

乎修乃終於其道又自如是也然不償之一時而償之數世則體天之道可爲而受天之佑是未可知矣論人事而歸諸天其說似出於無憑然而君子創垂之念正以之自堅而不以之自諉也當國勢聊以自存之會不得已而避乎人非不得已而聽於天然行其所能行而不思致其所莫致則彼蒼雖渺茫難沒君子之深仁

且言獲報而本於天其情似涉於希冀然而君子創垂之意正以此自勵而不以此自寬也當隣邦實逼處此之時以吾之善遺之子孫仍以子孫之王侯之氣數而盡其所當盡不强謀其所不可謀即冥漠難期更當法君子之忠厚彼大王者其天之已見者也

夜之眷乎真天之未可卜者也然亦强為善以俟之而已矣

鴻軒鳳舉超然雄篇後比不得已而避乎人非不得已而聽

乎天二句可謂警策　原評

擲地金聲周景王之無射

若笑成

[illegible]

若夫成功

浙江于宗師歲試

長興縣學一名　孫鯤化

論成功於創垂之後。亦自其後言之也。夫不觀其後。何以見功之成也。君子之創垂。庸遂謂成功之可居也哉。今世之論者。動以成敗衡人。顧事之成也。不成於成之日。必有所由起。故曰以此始。亦以此終也。若然。則君子之創業垂統。果以為子孫帝王萬世之業在此哉。夫君子之創垂。亦為其可繼已矣。可以者。即可大。此其創基立本。異於先代也。故措之為業。尊之為統。而推其效則為功。有可者必有成。斯其枝葉傾茂。本根賴之矣。創之一身。垂之後嗣。而究其終則為盛。夫成功豈非君子不爽之報哉。然事固有可知。有不可知。使以為

（以帶為撇一呼皆醒）（逐字清出）（陡句峻動）

我謀之不用是自敗也而為能敗人君予非必其謀之不用也頋欲以令之創乘而直繼後人之所為圖厥始後人之所為圖厥中後人之所為圖厥終者而盡於此日基之也恐亦有不能借箸而籌者矣（不溢）使以為人謀之不臧是再敗也而豈能再克君子亦非必其謀之不（對下天字立言）臧也頋欲以令之創乘而直統十五王之所以平之十六王之所以居之十八王之所以安之者而猶之周之所以王也斯固有不能越祖而代者矣由功之既成以覩土則日闢矣民則爰有矣念我國家（故作反勢下句吉語）祖有功而宗有德今得安享其成也則造我有邦必曰自昔先人由功之未成以論河山既殊矣民生不靖矣念我一身披荊棘而落山

林方且未有寧宇也則大興吾門敢謂爰及苗裔國步多艱之會寵。臨於郊運逢其厄斯時救敗不遑耳尚言有功哉即當保世滋大而憮想於王業之艱難亦覺流長源遠不過事後揚厲之文（先○轉）國家多事之秋祖澤自我斬民志或我携斯時始事不立耳尚言有成哉即至奕葉重光而一溯夫時勢之難為亦覺前沉後揚轉為意想不到之（下○句○直○接）境蓋君子所能自致者創垂耳若夫成功尚其一問諸天也

多勝氣龍霄之概　原評

說成功卻難保必定成功故聽之於天不從下句討消息則若夫二字抹煞矣細心盤取舉動簡外乃稱絕席之雄　郭曉升

予房借箸。景畧捫蝨。非不遠慮深謀。英雄無用武之地。奈何。王斥川

若夫成　　孫

若夫成功則天也　　許菼

有不可必于天者而君子無幸邀焉夫成功而王固君子為善之
常也然而天實為之其敢有幸心乎嘗觀太王之遷岐而慨然矣
借上成功者聯入
式廓增焉誰與之宅受命固焉誰省其山未嘗不冀天之報施善
人固不與也然而理之所固然者未必即為幸之所必然意其中
台天字意
蓋有可知而不可知者在耶創垂以為可繼君子之事如是君子
便已得神
之心亦止如是而已當其時規模雖日迫于豳而念慮則常守其
為若夫作法
舊第使亡可以為奇而雖已叢鬱滋大焉而濟與日而播遷僅免
恰核
于目前第使危可以為安而意已無餘若夫成都成邑之可資而

考卷文衡續編　孟子

奄有者在四國駸熾寖昌之可俟而卜世者在萬年基王迹于戎
馬之間誕命眷于監觀之下則是成功而已矣噫夫成功也而可（振起）
以人力邀之也哉（天字）數有常亦有變使謂積善而必昌則造物亦窮（名論）
于福報一時有隆亦有汙使謂修德而必盛則古今曷貴有咈興吾
嘗曠觀于盛衰興廢之故或更異世而大發其祥或閱數傳而竟（頓挫入古）
泯其緒以為無憑而固非無憑以為可據而究何足據誰為為之
孰令致之則皆天授非人力也必責報于成功以償其勤勞無論（追出則字）（筆意圓徹）
其不可必也即使可必而志已虛而不實矣君子亦聽其未定之
天而何可妄生夫覬覦必預期乎成功以建其統緒無論其不克

若夫成功則天也（孟子）　許荄

亂也就使免亂而亂以亂而不靜矣君子亦任夫自至之天而何
敢遂萌其窺伺蓋君子者畏天者也（探永之論）非貪天者也拮据艱難之會
方未知天意之何如隱惮播越之餘亦深恐天心之難問不知有
成功也祇知有剏垂而已（從上即起下）而君子此可知所發憤而自强矣

上句剏垂即是為善此句成功即是王揭出天字為必有作轉
換甚言不可必以起下彊為意清思遠以健筆實理虛神兩無
遺憾。曹揩珊

若夫潤澤之　皆衣褐

銜華集　馬椿齡

以潤澤望滕者不料有衣褐之徒焉夫潤澤惟滕則行仁政亦惟滕也奈何來滕者獨以皆衣褐聞乎且吾儒潤澤鴻業方將黼黻隆平昭一代冠裳之化豈僅登朝而釋褐哉不謂變通有術方為小國酌權宜而邪曲多途偏於章身著微賤是何上之人本先王之法言而裁之下之人已於先王之法服而異之也孟子言井田而曰此其大略將毋謂八家同井者猶未詳九月之授衣百畝受田者猶不免卒歲之無褐與抑知人君覓藻臨民衣裳出治必有合人情宜土俗而不徒紹聞衣德於古人者非潤澤之其何以為功然而潤澤非孟子所能為也今此正襟

而談第規模之粗具至於推行盡利端賴夫化宜龍袞望重羔裘然而潤澤又孟子所深望也他日凝旒而理必特措之咸宜苟非斟酌有方將何以君慶垂裳臣賡補袞若夫潤澤之則在君與子孟子曰此其功豈異人任哉君端委治之子垂紳佐之將使滕之匹夫匹婦無一不覩衣被之休風者胥是道耳於斯時也在朝而欽綸綍之頒山龍藻火瞻其度在野而聽紀綱之飭袞衣繡裳頌其功他如泣方之人或引領而望或褰裳而來或曳裾而請謁侯門或聯袂而觀光上國僉莫不於潤澤之餘覘仁政焉更何有異言異服願受廛以為氓者乎不謂有為神農之言而率徒以來者則以皆衣褐捆夫君子潤身有道奚至竟等於褐夫而是區區者良不自惜也既不足與潤其德又不

足與澤其躬而被體所資若於衣褐而不嫌其陋聖王澤被生民豈獨下遺於褐父而是褊褊者更何所求乎既不欲為餘潤之沾亦不必希天澤之降而禦寒有具特假衣褐以共燭其奇蓋自是滕之國不幸有此許行數十人矣得毋見滕之潤澤并田者因與褐之父覘之耶然而君明臣良澤潤生民即有被褐而來者亦祗視為褐寬博也云爾又奚足以壞滕政

清言霏玉屑好語如弁尼運用似此乃不傷氣他作徒成笨作耳.

若夫潤澤之

肇慶府優生　蒙金奎

政貴能通。滕有望於潤澤焉。夫未加潤澤。是拘於迹而未能得其通也。孟子能無望哉。從來善為國者。有百年不敝之心。而後有百度惟貞之業。豈可苟焉已哉。盍宜古尤貴宜今。當神明於規矩。而盡美更期盡善。匪罅漏之補苴。權宜者陋也。墨守者拘也。泛騖者侈也。除其陋。破其拘。戢其侈。煥然改觀而犂然各當焉。未可望之因陋就簡者也。如仁政久已不行。吾言特其大畧。夫惡可僅知大畧而不復進求也哉。五方之風氣各殊。不少強弱剛柔之辨。使即令情而律以古。意有不盡能宜民者。刻細微曲折之失其傳。則麤疏滋多。何以合南朔東西。驗之厥口厥心而悉準百族之含生靡盡豈無乖離阻隔之端苟援舊制而創為新章有不盡能善俗者矧雖麟官禮之偏於一則施行倒逆何以繞析因貞觀稽之好風好雨而胥同是惡可不潤澤之也千古不刊之事必徹終始而謀其萬全世有挾持未厚虛逐帝王之末而事與心違徒假仁義之行而本實先撥卒之於心愈貪便捷於政即愈見瀾疏窺古何能酌古也則失之隨而不知潤澤也羣生不易之經必善化裁而求其通變嘗有飢溺為懷泥經制之書以為根柢於歲世獻理財之策以為娛美於古人究之執滯而鮮所通必推行而多所窒利民適以殃民也則失之以而不能潤澤也自世可行之舉勿厭凡近而越乎範圍故有以并是務修談遠畧謂可甄殷而陶周安騁雄才謂可馳王

而譏帝堯之騖遠而荒於近思顯而忽於微運世未堪經世也則失之侈而不可潤澤也若夫知陋焉拘焉侈焉之不合人情也為進求乎先王之法以曲體乎先王之心於不合者而求其合如時雨之及物光潤欲流如甘露之蘇萌膏澤不爍政亦猶是政也而氣象為之一新矣若夫知陋者拘者侈者之不宜上俗也不敢泥執乎先王之經亦不稍背乎先王之意於非宜者而使之宜其潤也如水有發榮滋長之功其澤也如春有洽髓淪肌之樂政雖仍此政也而經權於以悉協矣非若與子又誰當之而誰任之乎

精氣鬱盤思筆清鋭

若夫潤澤之　楚之滕　東莞縣學第一　鍾國英

勉滕者以潤澤為宜擾滕者挾偽言而至矣夫以潤澤望滕君與臣責有所在也彼許行亦自為神農之言可矣奈何竟自楚之滕哉今使人主能潤色皇猷而澤敷寰海則堂陛之責有專歸其誰之言無自入矣不謂因特制宜法古治者貴求通變而立談欺世誣古語者可溯由來斟酌盡善則法度難淆胡為勉其振拔者方欲復先世之良模而至自判壟者忽有此不經之誕論也井地之大略如此此則樹藝著為成法可考黃農以上之規朝野許其奉行足見神聖留貽之妙正不待將之楚而先見孟子自楚反而復見孟子始得詳明其說也若夫潤澤不在滕之君臣哉重農貴粟

之常經豈無深意然非有推陳出新者恐泥於舊迹尚非以神化善其為惟加以如玉之潤磨琢彌光如澤之流汪洋不竭知貴無旁貸豈得以介居荆楚謂滕小國而未許推行勸相勞農之善政烏可緩圖然非有舍粗求精者恐限於前章未得以神明妙其用惟加以如色之潤工於藻采如沛之澤厚厥脂膏知任匪異人豈得以終畏楚氛謂滕小邦而難言自勵曰潤澤則在君與子孟子為比言以勉滕而天下之滕者豈皆以此言為法哉當日者鞅有為開阡陌之言而之秦則秦受其害矣悝有為盡地力之言而之魏則魏受其災矣問有德昭溫潤而能使怨言不入者乎無有也問有澤及生民而不使讒人高張者乎亦無有也假令用孟子之言以潤澤之將近可繼三王之治上可追五帝之風唐虞夏商于

今未淺何至有為神農之言而自楚之滕先有許行其人者桃弧棘矢之風習俗素安僻陋許行在楚楚之君或未用其言乎而之滕所由孔亟也素不識先朝制作而特假神農之說思以浸潤之譖冀邀厚澤之加則許行之滕正以為超前古而越來今者即在此言中也則自有此之滕也而處士始多横議矣杞梓楩楠之用國家夙重良材許行在楚楚之臣烏肯聽其言乎而之滕愈覺孔殷也既未聞聖代規模而忽託神農之經欲為潤屋之謀遂中澤物之論則許行之滕人以為教稼穡而歌豐年者皆在此言内也則自有此之滕也而邪說幾可横行矣其之滕也殆私心竊計曰苟取吾言而潤澤之未始非滕君臣之幸也遂踵門而告文公云

若藥

俊雅集　吳英藻

有取喻之藥者可借書言以勉時君矣夫藥所以醫人其理可通於治國也乃書之取喻於此孟子所為借以勉文公乎且善於諫諍者其言每同於藥石未嘗不欺藥之為用近之可以治命者即遠之可推於治國矣顧贊化調元讓論原比醫人之用而扶衰救弊古語早徵調劑之方於容廿六酷自乎正不得以弱小之難爲遂漫擬於不可救藥也絕長補短而勝猶可為善國吾何必引書言哉誠以書言固爲世之良藥也思採藥之萬風原未嘗以濟人若濟世而書言不僚夫此也驗古訓之堪徵若謂拯濟有方不得不嘗辛而奏其效稽績藥之盛事亦似欲以

利己若利人而書言又不存夫此也歟箴規之宛在若謂保全有術不得不始苦而收其功夫不觀書言若藥乎謂折肱稱為良醫無非借藥以神其用願醫人者全一身之術而醫國者救一世之方也夫保合太和責備原歸於當局書言若藥其事不可參觀乎壽域何以有同登之慶春臺何以有共躋之休矧以滕之支雖蕞爾尤不可不為之培國脈也而何必不採蝱於阿而何必不樹蘧於葑謂嘗藥詳於曲禮無非即藥以示其儀顧先嘗者臣子之所以盡忠也而燮理者君相之所以固國也夫調治氣化肥瘠原繫於宸衷書言若藥其理不可互證乎採新何以求三世之精蓄艾何以除七年之病矧以滕之孱弱瀕危尤不可不為之正國本也而何異黄以善嘗為術而何異岐以告

用稱能勿藥叶有喜之占藥固有無需於用者不知書之取譬
於藥要不可以此泥視也夫立己即以立人元氣之渾淪惟在
當躬之培養故以藥視藥藥固無關堂陛之經綸不以藥視藥
藥固足覘宮廷之化理也吾故為有心治術者即此藥反覆思
之服藥深不至之慮藥固有益於人者不知書之取喻於藥更
不必以此概論也夫淑身乃以淑世性命之各正惟在一己之
轉旋故外藥以視書詔書言衹屬尋常之泛論本乎藥以視書
言書言又為不朽之良規也吾願為撫有家國者即此藥低徊
按之蓋不可不瞑眩也君其尚以瘳疾者瘳勝乎

若孔子主　瘠環

江蘇景宗師科大　吳縣學一名　高以宲

聖人不輕於主也可即人言以轉按矣夫以孔子而言所主固非癰疽瘠環所能望者然則人亦有言轉不妨以是核孔子耳今以人言之可畏也雖聖人幾無能解免不知聖人自不可誣（筆鋒犀利）正固有誣聖人者而聖人轉可以自見蓋持身有素豈其失足於崇朝惟即人之所厚誣者（一氣渾淪恰如題位）不為顯決其非而姑作推原之論平心衡量之餘有不妨為聖人轉計者觀遠臣必以其所主非與觀近臣者異（承上處實）其用而不異其理哉惟然而可以知孔子矣（主分明）抱行藏之素忘則一身進退自不與宵小為緣故擇地而蹈雖倉猝莫踰其閑又何容（堅卓）

擬不於倫謬指以不經之事禀堅白之清操則人世往來當不與
鄙夷為伍故嫉惡維嚴即羈旅必端其範又何至漫無決擇頓忘
乎比匪之傷然則孔子之所主可知并孔子之不主癰疽與侍人
下筆開生面
瘠環更可知矣獨是好事者之以所主誣孔子也亦自有說小君
旁引曲證以是題神妙手空靈仍不犯實
可見窺聆環珮之音佛肸可之不等匏瓜之繫旁觀之窺伺將遂
開附會之緣爾時之揣度有由一若遂料孔子之有此主者而言
若字圓光
出無稽殊未設身以想遇塗而與言且情深於將仕畔費而來召
猶神往於輿周局外之推詳亦遂啟猜嫌之隙當日之譏評有自
一若妄思孔子之有此主者而事由臆斷詎云欲白無從大抵君

子與君子恒多道義之爭而小人與小人亦有應求之密吾非謂主癰疽與侍人瘠環者當時必無是人特未可以是例孔子耳若孔子而亦未能免俗也聖狂已判若兩途而薰蕕忽聯為同器有令我擬議及之而殊出意外者矣抑厲乎規必嚴交際君子未嘗自結於小人而擁權勢必樹黨援小人未始不願交於君子吾非謂欲為孔子所主者必不出自兩人要未敢以是望孔子耳若孔子而果招之即來也慎持者畢生之名節而忍辱若此日之周旋殊令吾轉念及之而無能相解者矣是故攷之於事而知其無據亦揆之於理而信其難誣也何也以其為孔子也夫孔子而主癰

（筆妙）（文情暢適不為題窘）（孔子二字跌得醒）（仍是本題位置）

疽、與侍人瘠環哉、

荳學如泉出峽、如鏡照空、胸有智珠、自是不爲題束。原評

題灰以寛運之、題俗以雅出之、精語名言、絡繹奔赴、使閱者愛不忍釋。徐香泓

若決江河　二句　　（嚴[illegible]州 學一等一名）吳獻

其流而莫禦、聖心之神也、甚矣聖人之宇合萬善而同流也、有與

決之、孰為禦之、臨流者識聖心哉、嘗思而聞一善機之活潑也天開

其啓道暢其神而隱納（濬泉成雲）鼓盪於靈臺則又于聖人大顯其用寂然（情集）者

渾然耳乃寂而不槁者彌注而不竭其流于既溢也善滂心與心浮

善與欲再執一彖象之抗界而溯何追也則如舜之聞善言見善行

（變闢出撲上句）

已、忽於淵然靜一不[illegible]之性若淪之則氣若竦之試與聞之浩之大

（所以若決）

誰云陳見為偶接之方以求者呈善端則以上者領善趣往與來之[illegible]

（河維禦道出）

相通也自遇相引也聽[illegible]入而[illegible]倘何洋溢矣忽於穆然濬洄之下

自約集

情若疏之具胸若濃之氣無測宮汪之度又誰謂言行為作過山方
以近者觸善緒即之游若沉吾量迎與之遊以赴也且轉相深也正
融而泰宇何畔岸之涯而接亦急而追澄乎無滓之中亻荐蕙吾
而畢達乎夫胃府生吟詠進取必俟盈科耳乃肆其倪者已併其神
緬盈懷之流動予我以想像欲絕習而忘亦迅而出浩乎無垠之象
何滙萬善而潛通乎夫徑寸有町畦攸往來必盡利耳乃通其奧者
已𥘉其落衍一心之因應令人以摹繪窮吾蓋于轉習而會其機
之撓也嘗于運行而領其勢之猛也蓄久而發之餘其來也何端
其去也何目但一闢其新機則將以目前之飛躍盈于分之鳶魚矣

若決江河 二句 吳獻

善境開之早生洋溢之趣善心納之自成浩淼之形不立與天地同（俱有至理）
乞茂可懷陵可襄直于吾心片刻而消之一瞬息而作轉関誰能
剂奔騰之機也一觸處洞然之下行乎不得不行止乎不得不止豈
一逢其故我則固已給萬殊於一本吐滂沛乎寸心矣善端啓之若
擴蕩平之路善府攝之自著奔迅之神夫豈與沼沚爭流哉欒龍門
歷砥柱直于吾心湧現而赴之配乾坤而同運行誰能詢其砰湃之
勢也殆若決江河沛然莫禦者耶當斯時也始幾微而成廣大寂然
者已不滿于無木石何知鹿豕何覺由坎游至因大遠於山
之泉然靜亦定而動亦行沛然若原不滯于有與居自若矣游自

若想流水以杳然又彷彿一河山之奈吾之以低徊于夢 異者所淼異之也

冥心孤緒瑩象雙ゝ 無半點酸餡氣其通首結構尤能以空濶之體運單微之神

若決江 吳

若決江河　二句（孟子）　陳珽

若決江河　二句

歲覆一等二名　平樂　陳珽

迸其源者亢其機、聖心肖而出也、夫自有其善則業已觸而流、亦不竟息、

而止耳、惟交恬之斯莫禦之也、且天道流行不已普萬物者有生機、

充周無適集衆善者無塞路、夫何莫之阻而轉以相通也、並我

然亦莫而自待也、初不與相迎而彼所為與我者自有以相洽也、

則帝舜之感言行而遂通其故者可於臨流間遇之、何則吾心者動

（急靜忽然有如□即迸之勢）

靜之所該無嫌乎其見端而亦不妨於迫夫需一善原不足以包

善稍假此且有浸淫而可以去耳、是故吾途靡涯而必竟其涯及從

其所除復若淵然無涯之動靜者不慮之所出、然乎其明也而亦

自爲準

尚乎其達夫執一善即不足以滙衆善萃焉只汨亂而投以入

耳是故無機自流而孰開其流及順其所至復若澄然無流也于斯

此積波不解

時也將何以擬諸其形容大人之理甚深心吾量與之相浹而

有以濬之我觀虞舜何其淡也其性所渟涵而源源來者即乎新流

逢其故而新故雜渾細大之不捐涓滴之心之磅礴與爲灌輸而豈有

神只響得於及其大脉充者不隔

事物之投甚迅必吾心與之相汁而後有以融之稽古帝舜何

外注也其德無終始而涓涓來者溯乎源并訖其委不源委無間機

紛紜之作啓此萬象之端俄與爲呈露而豈有停焉然天下稱之大

者孰如江河而舜之樂善象之以一善而會萬善以萬善而統一善

孟子

若決江河　二句（孟子）　陳珽

何善可遺何善不可化也夫趨我者靡已而忽留其半以閒之以加多而與善之數愈必舜之翕受有獨周於無外者矣水之匯於下莫如江河而舜之取善況之以己之善而投乎人即入之善而相於乎己內不見己外亦不見人也夫偷我者方殷而忽滯其中以上之則善本伸而取善之勢已柔舜之順濟有交暢於不知者矣若決江河沛然莫之能禦也夫非獨是居深山之舜也耶吾終無以測其見聞之神已矣

說　及其語脈縱工於形似題蘊何由逆露涵泳聖涯須此筆去

若決江河　單思邁

應善之速者、機動于所決矣、夫江河自有必決之勢而乘乎其決之也舜之所聞所見不有相若者乎、今夫峙者為山流者為水、（觸○出○決○字如○分○水○學）圖無一息之停也然漸而日出者體具于性生機之愈達者用觸乎後龢戲聖心于動靜而靜者忽為而動物理有通塞而塞者忽為而通焉機一其變一也（處○象○貼○字）吾乃恍然于舜之聞善言見善行矣嘉言懿行一入于聖衷則外之所接無非其中之所裕而凡向時之含（意○引○出○決○字）蘊巻差露于崇朝以目四聰偶感于氣類則一端之偏然非全體所該而樂揚善之素心悉淬趨而懃後此其象若決然而決非句（旋○發○也）

入方可波瀾緊密

水之灌輸已也溝澮之積潦涸易盈則雖有滿溢之時而其源不遠者其流亦不長且亦非平川之注泛為也洲渚之蓄水波不興

信手作

則雖有疏導之功而其聚有盡者其徒亦不泯一惟是五帝之中有

審正喻融化

虞舜而四瀆之長有江河彼其茫乎不知畔岸浩乎不知涯涘者澄之而不清淆之而不濁萬川歸之而不盈尾閭洩之而不損時其度量非聖人潛消寧靜之時哉盡水之性猶之山之出也此可

紫上作開虛頓挫排宕之勢

和佳

乎江河之來決而見舜者也乃聖人不棄芻蕘而竭物而動江河

材靈入工穩

不擇細流而應候而興則其風波作乎俄頃汎濫出乎須臾者有時驚而為濤有時怒而為潮有時震蕩而蛟龍飛有時奔騰而山

緣隙此其意象非聖人鼓舞奮興之會哉蓋水之利不若山之止（陸陸海地派鄉）

（而初前）也此可于江河之既決而驗舜者也凡物之有所滯者未必感即應而舍己從人者不啻江之為言公也河之為言下也則虛之至矣此故無所于滯隨所決而如見其大凡人之有所蔽者未必盡即通而濟者無方者一如江之析為三也河之析為九也則明之（虞公貼江河最似便不負）至矣明故無所于蔽任所決而如達其鼓蕩莫排之功既發而震（觀鑿不淆）澤龍門久懷神禹之德見闢之机方入而蕩蕩浩浩恍見大舜之心當斯時也尚有能禦之哉

偶摘題蘊烟雲霧闢劃清題界水碧沙明一綫奔駃中古氣裝

應試小品觀。

衆稱雋巧者賞其姿。肆雄健者賞其精核。

稱齊

君夾江　第

若是乎從者之廋也

即從者之見疑而知世之莫容矣夫一屨之失耳乃遂以疑從者其不諒于或人也可既也夫若曰自我君之好賢也上宮之地各有專司故賓至如歸不患燥濕而亦不畏寇盜未聞有意外之防以貽館人慮亦寧有攘取之名以重客予羞也胡令之日戶外之踪方滿而牖上之織無存嘻是奚為者前絢後繶亦偶藉以計囊飧而詐意蹈慢藏之戒左繩右纂諒無足以供剽竊而猶然同負衆之識嘻是奚為者夫上宮之中自夫子而外豈伊異人惟從者在焉令夫子而好爵是縻則身致通顯自可追赤舄之光即從者

從上宮之館關會廋字巧不傷雅

處喚廋字

二比就館人說是題前

復一筆出從昔

急脈緩受語不泛設

與有榮施或滕國而井田既設則道不拾遺豈至行竊鈎之罰彼

及托 趺上 若是乎三字語氣

一簪何堪置念而今求之不得也若是乎乃為從者之廋乎想從

代從者設想占染俱有情意

者侍夫子側關河險阻之身萬屨行霜未免退而自憐而姑為舍

折筆輕靈

舊而圖新也然而鬻于市者固多也想從者借夫子遊擔簦躡屩

之際納屨踵決或亦頓而無色而聊為飾美而增華也然而售而

升頓一筆 借名點綴心頭集

取之則可也而曾是廋之已乎惜也從者之失計也得此未成之

並粘典切孟子 字

物應亦棄置而弗用而反悼此不義之名惜也夫子之無策也却

身上

彼萬鍾之養疑為一介而不取而竟聽其非分之獲嗟哉從者奩

語言可愛

盡而裘敝矣而僕有此一屨曾何足壯行李之輝且鳴琴而負劍

奇而偶飾此一變亦豈遂韻采齊之雅況乎一變之失于館人乎

發從者本意原在孟子

何傷而獨不念從吾夫子而來而乃若是乎吾真不能為之解矣

或人口中說從者而意中寔在孟子追後雖釋然于孟子然坑

不追不拒及歸斯受之等語到底不能釋然于從者故若是乎

三字語氣本直索唐突文前就館人孟子映發四小比此是急

脈緩受之法至後寫廋字寫從者並粘帶孟子語言輕薄口吻

最肖

○○○若是乎從　之心　　李敷榮

大賢不受非義之徒，斯矣，不義者可愧矣。夫穿踰之智，即穿窬之心也，豈以從者而竟出此乎？入無為之盡亟充之。蓋嘗論之，以小義為無益而不為者，小人之心也；以小不義為有傷而必去者，君子之心也。推小人之心，不難誣君子之徒盡以為不義；推君子之心，必欲使小人之徒皆化于無不義。人之度量相越，豈不遠哉！昔者孟子至滕，館于上宮，館人意有業屨之失，殆易所謂慢藏致盜者與？不然，則豈卑雜沓時已有穿窬者伺其後歟？嗟乎，以館人之貧而不留一屨，非仁也；以一屨之賤而并用我穿，非義也。非仁非義，君子所必不為也。從者雖不賢，問敢于孟子矣，豈不知穿屨之智為穿窬所切齒為

試牘肯綮　下孟　河南王宗師科歲取入長安一名　乙巳新編

者而頤躬自然之也哉式人之疑非独輕量吾從者抑亦開罪于孟子矣且彼又烏知孟子之教人為何具也天下競言戰爭孟子独与之以仁天下爭愚富強孟子独矯之以義仁則必有所不忍義則必有所不為從此而達之無不仁矣無不義矣無不仁無不義天下皆可以為君子而不為小人雖道不拾遺之休戶祝里封之盛不足過也世乃以為迂濶而不達于用豈理也哉噫仁義不亦風俗之壞也穿其雖害人以益己尚且忍而為之仍何有于穿窬然而穿窬者之心未嘗不潔自愧悔者何也為其為竊也今試語干敢向爾無穿窬則必欣然喜爾為穿窬則必靦然怒其喜者幸其來之可淺也其怒者惡其往之莫追也即止而克之必有漸洗悔恨而欲為良民者

此段奇文出人意表

刪下

豈其奪身殘行並效竊盜故智哉嗟乎以聖賢之徒戮趨為盜跖
人之慕義者所以維也變盜跖之行可同至于聖賢之終于不義
者可以愧也蓋忽返而求之于心可矣

上下搏成一片無閒筍合縫之迹筆有化工思取別經天孫雲錦
未足方斯巧妙

若是乎　李

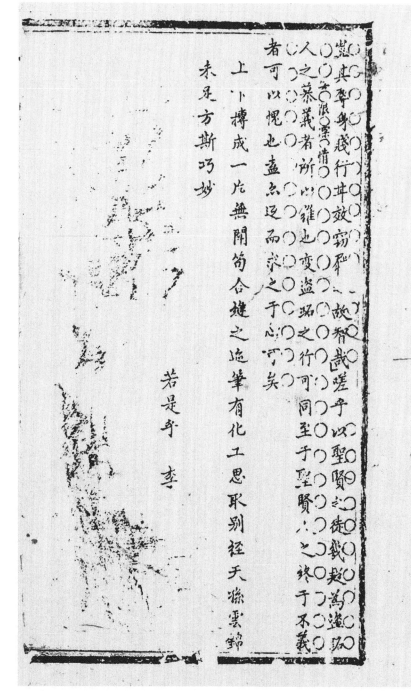

若是乎從者之

周季琬

即從者之見疑而知世之莫容矣夫一屨之失耳乃遂以疑從者其不諒於或人也可慨也夫若曰自我君之好賢也上宮之地各有專司故實至如歸不慮爆濕而亦不畏寇盜未聞有意外之防（用左合當）以貽館人慮亦寧有攘取之名以重君子羞也（入題）湖今之日戶外之跡方滿而牖上之織業存（領句得中二比從鄒人引入）嘻是奚為者前約後纔亦偶藉以給饔飧而詐意蹈慢藏之譏則彼之自悔已晚左純右綦諒無足以供剽竊而猶然同負乘之失則彼之自揣何華而試思上宮之中自（翻筆）（落從者）（開說二比）夫子以外其貿貿來前者豈伊異人定從者也今夫子而好爵是

槖則身致通顯自可追赤舄之光即從者與有榮施焉滕國而井田既設則道不拾遺豈至行竊鈎之罰彼一屨奚足置念而今擬之若是求之不得也殆從者之廋也想從者侍夫子側關河險阻之身萬屨行霜未免退而自憐而姑爲舍舊而圖新也然而術於市者固多也想從者偕夫子遊擔簦躡屩之際納屨踵決或亦顧而無色而聊爲飾美而增華也然而售而取之則可也而曾是廋之已乎借也從者之不尚也得此未成之物應亦棄置而弗用而反博此不義之名也意亦深自悔矣借也夫子之無策也郤彼萬鍾之養視爲一介而、、而竟聽其非分之獲也意亦行自咎矣

（從者身上）（揣測所以廋之之故）（合判）（點染竟字）（右一段句）（愈真）（倒撲得妙）（切葉屨）（愈尖愈趣）

以（以既漢吳之妙）金畫裹粧之年而受此一屨曾何足壯行李之輝以鳴琴質劍之子而偶餙此一屨亦豈遂彰采齊之雅懷一屨耳在館人固所不惜但從者爲誰乃吾孟夫子之從者也夫子其何以辭之

做或人疑處須令十分逼真文中寫所以廋之故見得孟子不待志於時使從者亦且見疑步步以孟子陪說極有波瀾中間炤上宮勝踏熟滌饑字皆極工雅若其用意尖冷有代爲曲護處有代爲惋惜處總使從者幾難自辨是入神之筆

若是乎從者之廋也　　萬經

從者即未必皆賢疑其為廋則過矣夫從孟子者必先明義利之辨

發端絕

其人雖不同豈有廋之可疑哉或人蓋言之過也若謂君子之居是

非率爾妙合語氣

國雖冠屨不處嫌疑之間而吾儕之待先生即左右亦盡忠敬之道

方且流言可止飲率爾為無根之謗乎顧今日之事有所不可解焉

當客至於館而方為屨者置之而相逅乃理也及客入於館而欲卒

如講　轉到廋

業者索之而莫應非情也以一屨之細微豈有物忌其成謀不至技

字　轉到從者

之水火以上宮之深嚴非餘人得而入亦不容誘之穿窬是必有廋

詞意淺妙　至此細心体之是人人口中話但臨文說不

之者矣試相與推其主名固非可輕語於夫子之前也然何可使闡

出耳何云接出若是乎頓挫

於他人之耳也若是乎越國過都數十乘而不以為泰則薄夫偶爾

其末流升堂入室數百人而不以為多則贅行乾㦝於乘便得毋即

注中匿字

此曾子共在一宮之內賓主相忘適因人之不備而易其故處大約

趙注云上宮樓也

下文竊字

僅此中人先窺自牖之隱上下既習輙喜物之無主而掩為己私將

以牖上為非地而故戲之耶則群居好行小慧已非長者之風亦何

此句談得緊

不能眩人之別猜也將以餂人為謾藏而猝納之耶則靦面罔非然

如云說

識徐有同儕之覺要終不能誣人之自匿也夫得次業而置之無用

又代解釋一番妙

寗不自笑其徒勞想從者方為之而旋悔之矣況不知足而取非其

有諒亦自知其作僞想從者既為之而深諱之矣今日上宮寗有異

客哉雖夫子何以爲彼解也嘻或人之疑過矣及設科之論稍近理焉亦以此自咎哉

此種題立意須蘊藉斯亦微而婉矣　韓慕廬先生

以從者爲廋或人誠淺妄矣然高賢重客之前致詞亦有體若是乎三字正須紆徐而入方合題氣拈從者亦必見其人非一敗類容有參錯方留得下文再答餘地題雖小豈容粗心直突乎　何義門先生

設身處地代細人說話自始至終句句皆近理近情較國初前輩文實高數倍初學作文遇此等小題每每侮聖賢有涉優之

所不敢為者〇粗心直寫〇無一毫蘊藉〇即三家　兒女見長〇　韓説
話亦不至〇是〇而學士公然筆之於書〇謬種流傳〇竟不知羞　王制
學聖經為何事〇所関者寧獨文章哉〇然考卷同風中得此文〇并錄
韓何二先生評語以云救也

若是乎　萬

苟不固聰　一節　　　汪培祖

知至誠者難其人、蓋見至誠之盛也、夫至誠之所能、一、天德也、苟非達天德者、何足以知之、且至聖之德散見于天下者、凡與知之衆皆足以知之、乃若其德與于一心之内、而為無妄之真、非有與之合德焉、者未易深悉其所以然也、至誠之經綸立本知化所以極其盛者若此、其中之所存、皆天德之蘊也、藏其心于至密、而德之微與未易知也、此其外之所發、皆天德之著也、神其用于不測、而德之變化未易知也、欲求其知之者、必與至誠同神而氣之神明、一無所蔽者也、無蔽于聞而寔有其聰、無蔽于見而寔有其明、無蔽于思慮而寔有其聖且知其聞見思慮運乎氣而已達乎爽氣之原是所達者一至誠之天德也既與至誠異象而同神而何不可知之有為其人猶圜乎氣者弗能也又必與至誠同體而質之醇粹一無所累者也無累乎耳而寔有其聰無累乎目而寔有其明無累乎心志而寔有其聖且智其耳目心志具乎質而已達乎成質之理是所達者即至誠之天德也既與至誠異形而同體而何不可知之有為其人猶滯乎質者弗能也將欲知至誠之經綸亦知經綸之仁乎將欲知至誠之立本亦知立本之淵乎將欲知至誠之化育亦知化育之天乎日相習乎綱常日用之間而終難以臆度也即知至誠之仁亦能知其仁

之無倚乎即知至誠之淵亦能知其淵之無倚乎即知至誠之天亦能矣其天之無倚乎日相求乎造化倫理之故而終難以強探也雖有知識之自負者及遇至誠而亦且下同于愚昧夫人豈肯以愚昧自甘哉特以來能同德乎至誠故一遇之而輙惘然也使其或有所知亦僅得其偏曲焉而已矣彷彿焉而已矣其孰能盡得至誠之全乎雖才智之過人者及遇至誠而亦且自安于寡識夫人豈肯以寡識自居哉特以來能配德于至誠故一遇之而即茫然也使其偶有所知亦僅見其迹象焉而已矣疑似焉而已矣其孰能灼見至誠之深乎至誠之難知若此而盡信至誠之果未易能也

題意只重至誠之難知。不重聖人之能知。文于實知。極說得分明。更妙在起處將天德串在至誠上。則達天德者之難知不煩言自解也。

苟不固聰　節　張敘

探賾至誠之德、即知有所不易也、夫惟至誠而後可以知至誠之道、苟
非其人、豈易幾此乎、中庸謂夫上天一錫命于人而天性之分已昭然
○中○庸○原○非○不○可○知○者○此○一反說勢○力○
於人之心志矣、豈有示人以不可知者哉、然性命之際、惟造其境者能
○○○○方○轉○滑○合○○○○○○○○○○
悉其形容、稍有貳焉、則是天之所以與我者、尚在離合之間、而何由洞
○
矚而無藐乎吾論至誠、推及于其仁其淵其天、不獨為之難識之亦難
入手合法○
○○
○是○上○兩○節○轉○語○亦○是○中○庸○一○
變化無方、而思實有所解以為之據、非猶夫功能之在迹象可以曲引
○○○○○
○十○二○章○結語
而旁通不獨行不易明亦不易、神明內藴而求確有所會以為之歸、非
○○○○○○○○○○○○○○○○
循夫事業之被天下、可以家喻而戶曉、反覆思之、苟不固聰明聖知達

戊戌二百卅八　大題觀畧

天德者其孰能知之乎聰明藏于不露聖知養于不用固如是其微也

達天句不深發辯

則夫在體質之中無異于在於穆不言之表吾亦不知其盡性至命何

還他反覆語氣

知研索而後得此大約有之庶幾見之乎苟猶未也彼自遠于道者無

當已即積漸以致而未免未達一間焉吾猶慮其扞格而難入也聰明

苟不固三字深看一層方是

不資耳目聖知不恃心思固如是其神也則夫在體備之後無異于在

人生而靜之初吾亦不知其明心擴善何如微渺而始得此大約至之

庶幾悉之乎苟猶未也彼自絕于天者無論已即涵養既久而未免入

方是至識聖人地位中語

域未優焉吾猶虞其惝恍而難名也蓋凡事可以懸斷而至理之高深

不親嘗其分際終不能原始而會其微故聰明聖知用其偏端皆能覺

只是贊嘆至誠耳

世而此則非人事既而天道純者即有窺測要亦規摹之見耳夫豈窺測之所能盡也哉凡事可以旁參而大道之與眇不身歷其詣境必不能探本而悉其幾故聰明聖知由其緒餘皆可證道而此則非體驗深而天理全者即有指示猶然形似之間耳夫豈指示之所能詳也哉誠明原一理誠不至則明必不極知行無二道行不純則知必不精甚矣至誠之難言也

至聖章說從見處自表而觀其知則易故凡有血氣莫不尊親至誠章說存主處自裏而觀其知則難故非聰明聖知達天德者弗能知也只是反覆贊歎至誠不是兩人事學究家將德與道糾纏殊謬得

戊六二百九

大題觀畧

戊六二百廿九　大題观略

此圓瑩了徹。是以一洗塵垢矣。○固字註止訓實字意。所不重俗說橫生別解。是至誠上更有聰明聖知一等人。而聰明聖知上又有能固一等人矣。不可從也。

苟不固　張

苟不固聦　一節　歸有光

中庸論至誠之功用有非人所易知者所以泥其理之妙也夫天下之理至與至誠之功用而極矣必聖人而後有以知之則理不既微矣哉此中庸所以深贊之也且道莫難言矣非徒行之難而知之亦難語道而至於至誠大庸可以尋常淺近之見而窺測之也蓋天下有聖人焉天啓其衷使之聰而無所不聞明而無所不見不[illegible]貞流行之妙貞觀於天地而默契於聖心者與之渾融而無間其所成著人之形也其所稟賦之論也天縱之聖使之聖而無不通智而無不知而無事於聰智非徒之神發揮於帝命而妙悟於淵泉者與

之合一而無迹天之德即聖人之心也聖人之心即天之德矣是以知言之深而於至誠之經綸立本而知化者莫不有以悉其妙而詞體以達於用悉會吾之異形而同體者以合之於彼夫何待於擬之妙知德之與而於至誠之肫肫淵淵而浩浩者莫不有以窺其深而由入以入於天德會吾之異狀而同神者以發其蘊夫何假於擬議之力一蓋至誠者以其體而言即至聖之所知者至聖者以其知而言即至誠之所體者夫是以相遇之神而相知之至者也若使德未及於至聖而獨象之成心猶拮於聞見之粗則智不足以知夫至誠而同天地之功用替於淺近之識而聖人之功化或幾乎隱矣

知非天下之至聖。則無以極其智而通至誠之妙。非天下之至誠。則無以私其功用以儘至聖之知。天下之至誠而必俟乎聖之知。此其理之所以為妙。而非人之所能与也。

（鍾○神○快○俊○奈○只○是○極○贊○乎○至○味○）

（○請○早○聖○作○作○也○）

只是極言至誠之妙。不到潜此地。不能真知。便懸空揣合。也界是影響。不見裏面許多滋味。以下擬都信不及矣。知字緊貼固達二字。其旨只在呼喚下唯聰達看。此文之妙亦如是。

若休園

○○苟為善後　一節　周鍾

君子之為善，盡其在己而無求于天也。夫必為善而王，則何以處夫不王者，故以成功歸之天，而後可全乎為善之説矣。嘗謂聖賢立教，皆有權衡焉，如善則降祥，惡則降殃，此雖以動奸人之懼，而堅良士之心，要之報施之理，豈可論于善惡間哉。如人必求福而後為善，則其去為不善也幾何矣。故人之為善，蓋其一身之事，而非子孫之計也。即為子孫計，亦不過使後世賢師吾善足矣，而必同吾積善而子孫受其慶，量功而望報，則必有不驗者矣。雖然，亦有驗者，如太王之遷邠居岐，而文武季以此王，是以祖宗方開闢跋涉，備歷險阻，而子孫乃以一隅控制中

○為○善○原○無○望○報○之○心○得○此○一○點○睛○

○道○理○方○正○大○○○○○曲○折○而○入○通○節○皆○振○○○○

周介生稿　上孟

原之大此奇非中智所能料者矣祖宗之股動王室世篤忠貞而予祿乃以兵革興離君臣之勢此又非人事所可測者矣於乎令陳下業之（作○頓○東○文○氣○古○）艱難告成于宗廟則以為此為善之應也蓋天意寔使然云雖然使為善而可以王固非以安為善者也心則必有竊其說而為不義者矣夫庶民之于擬為士大夫大夫之後擬為公卿擬至天子而無擬焉知人之方于此窮則人之願亦于此止也而必曰善則其後必王則是大（名○論○縱○有○關○係○）位可以倖而得而天乎可以積而致豈所以杜奸雄之心哉且帝王之祚必有則聖顯懿之德豐功厚利以及于民而其後嗣又世有令緒乃能濟騐則克膺天眷以德若此用力若彼蓋有天下若斯之難也又

況運世無本功德不紀乃欲以一旦之善崛起在位豈有幸乎故君子知天意之無憑信人心之可恃以修德為保世之良規以淑身為慮後之長策使後世有樂道其前人之澤毋使子孫有羞稱其祖父之名寧使為善而不獲吉祥之應毋使為惡而蒙鬼神之誅則其事在勉強而已矣從來聖王布德施惠非求報于百姓也郊望禘嘗非求報于鬼神也山致其高雲雨起焉水致其深百物歸焉君子致其道德子孫昌焉有陰德者必有陽報有隱行者必有昭名可繼之道如斯而已若必以一定之應為行善之勞則為禍福信者已不能不為孔顏疑而三代以後其躋膺天位者又非眞有積德累行以及于後裔豈可以此明天命

奇可作為善箴銘

嚴乃直折上下予者

周介生稿　上孟

之不爽而開後世圖度之私哉故以創垂繫之統緒以成功歸之在天而後可全乎為善之說孟子蓋寔有見于天人之際不獨以正訓于滕也

為善者初不期後世之有王而必有王者理則然也開久大之基為其可繼而已不必其成功也只論道理不說功利真儒者之言文氣縱橫雄古更為難及○君如彼工句詳切滕君言文只便說與註不合錢青臣

荀蓀善

是以若彼　二句　韓菼

山木不復生人若祇要其條焉夫山之濯濯也有所以濯濯者然人第見其濯濯焉已耳孟子謂此物有盡失其本然而猶足動人推原之論者乎無有欺雖其所以致此有因其所以致此而終至此者亦有自欲令人由所以原之而已無辭于目前之故則有即境以生成者矣惟彼山木未美而萌者亦以生者息矣萌蘖已無餘矣人將曰若彼濯濯也而抑思何以若彼濯濯也抑將謂山實固然其無足怪然未見其濯濯也抑將謂山有木工則度之其日尋斧斤焉致至此然猶未見其濯濯也即謂日夜雨露之所未及而伐者不復生故至此

然亦未見其濯濯也果何以若彼濯濯也耶豈斧斤之餘萌
蘖攷何其堪此牧者寔倚廣此也是以若彼濯濯也夫至濯濯之後
而美者果亡矣生者竟息矣萌蘖盡無餘矣雖有雨露尚安所施且
旦而往其將焉伐亦甚深人寔蒸之傷而集枯之懼矣夫人情安于
所見不能通于所不見習于所及見不能測之所未及見當山木盛
將萌蘖際其際者當何如恐美焉而至于樸落之候則其情幾矣雖
彼美之日未開將大國以望也而人不及見也曰已若彼濯濯矣是
其萌蘖之來也而人又不及見也曰已若彼濯濯矣是亦尚有萌
蘖之萌蘖也而人終不之見也曰已若彼濯[illegible]寔質惟而論之通

而思之問其何以若彼濯濯也耶夫誠推而論之適所思之當必恍

鳳亞雲系

然同是以若彼濯濯也夫向者固未嘗見爲濯濯也

以下句反而觀上句以上句反而觀下句循環無端筆頭靈變中

一段更能使境窮文勝供所從停蓄　吳荊山

互換之妙慶曆秘鑰至先生此種文而盡然矣

是以若

韓菼

是亦聖人也　則誠賢君也　萃華集　葉存養

稱聖者忽易為賢言隨學而轉也夫以聖人稱滕君陳相之學正矣乃旋見孟子而忽以賢君易之也殆姑借是以道許行之言耳且自來稱人者舉夫聖則該夫賢矣未有既稱為聖而又忽稱為賢者也況夫稱自一人之口其所稱又在一人之身乃以其見之游移為其詞之遷就而忽聖忽賢者蓋其學已歧而其言亦將適矣聖人之政行之自滕滕君誠何如君哉夫滕君嘗問為國孟子以恭儉之賢君易之使陳相早見孟子道孟子之言則滕君則誠賢君也是亦足以見滕君矣何必過以聖人稱之哉然而相之稱聖人者未為過也彼昔之學於陳良者聖

人之學令政之行於滕君者聖人之政政與學合間而悅見而大以中心誠服願爲之氓一若賢君不足盡之者則其謂之聖人一亦宜特是業謂之聖人矣相之言必不易也相即與許行同願爲氓而其言必不苟同也無論許行未嘗賢滕君即許行賢也若相亦豈宜遺之哉無他非其學耳奈何一見之餘悅且大悅棄且盡棄而見孟子而論滕君忽又以賢君易聖人也夫賢君之視聖人有間矣聖人者非徒虛美其言必且實考其政至於賢既未及夫聖但使有志奮發稍有高於世主庸碌之所爲是亦賢君也已而謂相之賢滕君者其誠然乎哉吾於是知其學之岐吾於是知其言之遁蓋人惟學有定識即百端煽惑而其識不淆相以聖人稱滕君似亦確有定識矣乃見異思遷

議論亦隨之變易則此中之分量見地本鮮真憑知昔之稱聖人者特未淆於異議今之稱賢君者已漸失其初心也學不固而漫為游移此亦可見其受蔽之深矣抑人苟言本真情即再四稱揚而其情不改相以聖人稱滕君殆亦出於真情矣乃憑私妄論形迹恐涉於參差則此際之調停稱名姑從近似知前之稱聖人者既徒託諸空談後之稱賢君者亦必非其實意也言將變而姑為遷就此又可想其立說之巧矣何也賢既不得為聖惡在賢之終得為賢也

局緊機圓理法森到六轡在手一塵不驚

是知津矣

歲入延平府學第三名 鄧奎

不欲告聖以津者欲隐諷聖以津也夫夫子豈誠知津哉沮曰是

（用意別）

固知之毋亦識夫子之所迷耳矣凡天下事何不可作一津觀哉是

亦何不可作一知津觀哉顏吾意中所未敢信為知津之人乃吾

（鼓在其詞有入妙）

月中所實允為知津之人莽所迷在彼所問在此若雖使野人驚

相告矣一豈哉于津而問諸余也將毋以余為知津乎哉今子求

知之情甚殷不知之情可喝何乎與知之人相近去知之人轉乖

則亦還問其于津者之為是也耶是非迷津誰為迷津者則亦還

問其知津者又即是也耶是非知津又誰為知津　以余樓遲自

適悲方内典許洪潤不足以通天下之津審矣顔子謂志于道者

豪落天神

而竟欸通也世之者是其久著矣煙雲漂泊今所歷之境界何以

昔日之馳騁如詢野老殊多事耳以余淡泊無求快胸中別成邱

壑不足以齊天矣津久矣顔不意心丁濟者而日待濟也栖云

者是其素備矣山綿眺昔所過之道途還足供人之探訪轉問

丙夫殊無謂耶毋亦纓歷久而漫而糊忘耶不然信為知津實非

余之憑臆也是亦宜去以自覺矣毋亦去留遂而遺而莫追耶不

俞述非嘲諷

然指為知津莫謂余之嘲語也是亦宜有以自哂矣蓋天下有〻

兩河之間下拜卒馬

形之津也有無形之津也無形之津問來必知有形之津知不必

涼之響求方致慨于苕葉芸黄矣夫奚暇念禮樂而發然[illegible]使當生民既足之後猶不事勸學興賢將恬熙而忘品制家温祇供奈饑之資佚遊而靡鼓歌土沃適啟驕淫之漸求既幸豬豐年稔禾矣其能弗忍禮樂而坐然如其以鵠十千者使之饑三百廛其以勸蓄斂者使之作薪槱如其以有餘有年者使之有倫有脊其以室盈婦寧者使之户誦家絃是豈求之所可使哉寔為求之所有俟而已。

結蘊菁英出以流麗非堆垛[illegible]可比上下截能合能分不徒浹洽更見心清　朱錦

是知津矣（論語）　鄧奎

是故賢君必恭　有制　　華華集　　夏先範

愛民以恭儉為德必合臣民而加之意焉夫賢君未有不愛民者然非恭儉則無以禮下而取於民有制民曷以有恒產哉且天生民而立之君非徒以抗然於臣民之上者也使抗然於臣民之上將何所而不逞乎惟小其心以持己即厚其意以予人其分理吾民者吾為吾民共懍之其取給吾民者吾為吾民共惜之若是者庸主忽焉賢君慎焉如仁人不肯罔民如是豈徒心乎民而遂能之乎抑豈不心乎民而竟能之乎夫民固君所率下以制治者也君心乎民未有可以不加意於下且加意於民者蓋嘗合恭儉以觀賢君而知其故矣今夫賢君之為國

也。其德之存乎己者，固為臣民所共欽。其德之及乎人者，即合臣民而共被。惰慢非所以為君，威儀不治，狎侮且及於老成，誰與恤吾民也。賢君以夙夜維虔者定天命，即以謙和有度者示臣工。故先百吏而肅其神明，天下於以仰作新。驕奢非所以立國，服物不讓，輸將且罄於閭閻，何以厚吾民也。賢君以不敢淫侈者清性情，即以不敢濫費者惜物力。故先百族而杜其浮靡，天下於以留有餘。恭也，儉也，固分見於下與民，而吾揣賢君之民之心，覺恭以成儉，其禮下之忱，與取於民有制，未有不相因而見者也。大抵古今林總之繁，非羣下不能共理，嘗見君屢民生之當惜，而在廷執事，未見上德意而遥下情，將有名為如制而實已踰制者矣。故必積誠意以禮之，使其曉然於脂膏之不易。然後君與臣一心。而撙節之間有實政。從古願治之君。其身心總無可克。苟徒示上以厚下之常經。而服習起居不克清臣心。而生畏慕。將有實己踰制。而名仍循制者矣。故必兼恭儉以化之。使其切然於立治之有本。然後朝與野一體。而措正施行之際無市心。君問為國。豈有加於賢君外哉。恒產所在。為下即本於為民。制產有經。為禮即所以為取。留心民事者。非合臣民而加之意焉。民何以有其恒產乎。此其故。有必然無或然者也。

是爲王者師也詩云周雖舊邦　觀海集　張桂星

可爲王師邦不妨舊矣夫王者師滕以滕法乃周法也進觀於周邦何妨舊哉且自丹書拜而師崇尚父青宮訓而師重鬻熊說者謂得師者王我周所以萬邦作孚也乃若紹祖德以黻皇猷尊爲帝師天子亦稱弟子而由皇猷以溯祖德奉周爲師熙朝久歷數朝本周法以廣周仁繇周業蓋周之由來遠矣必來取法夫滕法周法也如詩所云率由舊章者也王者法之而田爾田者食舊德太史占豐而喜一邦其昌覺後覺者革舊污詩人士而歌曰邦之彥取法乎上不居然歸往爲王乎王者於此本滕爲師乎是不過井田舊制是不過學校舊規師之名

胡稱然當周室衰微之際掌邦土者田半荒蕪掌邦教者士多敗行周初之美政闕然矣今滕以一髮繫千鈞如是也實之至者名必歸五百年應運而興是在學焉後臣之列是不過黍苗舊恩是不過菁莪舊化師之道似虛然自周轍既東以還剩貪殘者邦本搖剩桃達者邦國瘁成周之隆規蕩然矣今滕以一隅維全局如是也道之隆者勢可屈五十里當王者貴是殆天子不召之臣是何為哉非為王者師哉然則公宜奮其為毋以邦之彈丸自餒也勉其為勿以邦之積弱自疑也公今者繼壽考以作人聖主降尊而下問祖思文而率育興王遣使以諮諏歸來必受業築宮等昔盤之舊學儼已尊師重道昌叔繡之舊邦以視列邦之為霸為王為東帝為西帝者所為孰愈焉公何

憚而不為哉得毋以彈丸如舊積弱如舊疑舊邦不足有為歟累爾則舊邦孰有如周者請觀之詩邦莫患乎恥其舊而妄思借竊事不師古假符瑞以自誣周之邦安於舊者也雖高山天作以來數百載積功累仁已駸駸乎有不終於舊之勢然百里分藩舊封恪守三分服事舊節彌堅安於舊而前事堪師知尊商之言難盡信邦又患乎狃於舊而相忍為國故黜師保瓢菲薄以自甘周之邦振其舊者也雖羑里被囚之後數十年艱貞蒙難益兢兢焉有勉守其舊之思然祥開走馬巡居舊都瑞紀儀鳳岐陽舊地振其舊而師承有自知養晦之說本從權詩人舊邦詠誕受新命而為王者也臣為公計莫若師文王

題解

此截拾題也○上截斷儀衍不得為大丈夫、下截引及冠之禮以告之○須精意圓紹、分明之中自見驗洽方見手法空實

三加

礼冠義醮于客位、三加彌尊加有成也、○始加緇布冠、再加皮弁次加爵弁、三加而

是焉得為　父命之　　李公仁

不直許為大丈夫者、姑以及冠之禮告焉、夫儀衍當及冠時固已為丈夫也、而以為大丈夫則焉得也、禮有明文姑即及冠之禮而先述之、且自綴禮之從之赫照耳目也而（承上折入）說者每箇於名稱焉○向使深知其人之委曲○適合古訓之詔言當不盛稱之若是也○惟是漫不推許則未嘗奉矩矱於禮經者何妨○即三加之典○援義方以發其凡焉○怒興諸（拾合）侯懼安則天下熄子以儀衍為大丈夫如是耶夫儀衍當（伏○筆○）（大○方○）及冠之時既有父命固已目為丈夫者也、今子以為丈夫

初學恰中　孟子

服弥某亦爲成人敬也

以丈夫狀起大字空是
吾亦未始不以爲丈夫也乃子不但以爲丈夫而且謂是
浮○醒
得爲大丈夫是在二子自視理亂安危之故懸于吾人一
喜一怒之間固以爲大丈夫當如是也即在吾子視之吉

吉凶悔吝易係吉凶悔吝生乎動者也作福書洪範惟辟作福惟辟作威惟辟玉食

凶悔吝之機係于二人作威作福之際亦以爲大丈夫當
如是也而自吾觀之儀衍雖當及冠時已爲丈夫乎而以
立落○原評暗通下文消息逆入好無
是爲大丈夫是爲得乎今夫人苟肆紫於三千三百之中
逆宕三也
有相爲詔告者而如其與儀衍之所爲隱相合焉當必以
是爲小之乎丈夫也乃子震乎其人之名而爲揄揚之說
出四句精得
毋亦未嘗學禮乎蓋儀衍之所爲藉人之怒以爲怒者禮

引伸易係蹊引而伸之觸類而長之

已有善達其情抑儀衍之所為藉人之喜以為喜者禮亦（反筆振落超絕文字）或曲傳其意斯嘗丈夫之冠也父命之之謂也哉乃徵明吾意中之所指而亦何妨姑以此引其端耶是禮也微論人生及冠時凡生平之所為丈夫者何若父未嘗不諄諄然命之即儀衍當及冠時凡生平之所為丈夫者何若父亦未嘗不諄諄然命之特未敢遽期其為大丈夫耳然此（總將滑句煞）姑不具論特以此及冠之禮姑為引伸之藉而于此清有（夫終悠然）所獨注與儀衍之逢人喜慰遽相合者嘗必于禮更進一說也及進觀毋命之禮知儀衍為妾婦之道則是丈夫且

孟子　程爲昇

不得爲○况得爲大丈夫乎○

以儀衍當及冠固可命爲大夫○而特未得爲大丈夫立論使上下鎔成一片○中借學禮作波○節次詳明○細意熨貼滅盡針線之痕○　湯修來

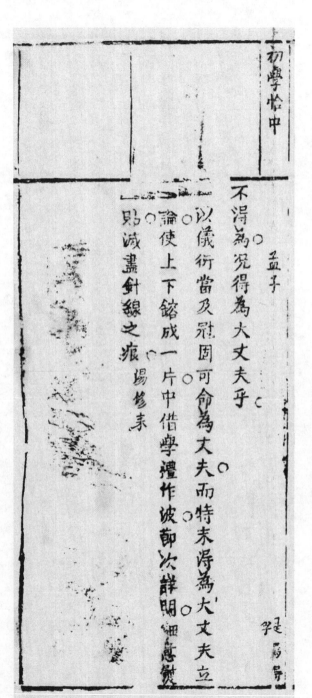

是猶或紾　云爾　　方苞

大賢于淺人之過者，特發其說之不近于人情焉。夫紾兄者何足深責，而謂以徐徐，毋乃止亂而亂滋長乎。且言義理者未有可兼徇乎人情者也。漫爲相參之說，以爲無拂乎夫人之情，而亦微示以義理之正，而大無道之事由是而成矣。如王欲短喪，而于以期爲猶愈，是紾兄而謂以徐徐之說也。（直出）夫喪之不可卒然而爲之者，雖徐徐爲之而亦不爲未成也；喪之可以徐徐而爲之者，雖卒然爲之而亦未爲已甚也。紾兄之臂何事乎，而並謂之姑徐徐云爾乎！止天屬之恩之附于中心者難已，人不能盡施，而其或觸于事境之際而有勃谿相搆

本朝房行書離雅集　孟子　康熙丙戌

誠上二欲字看出者得以貫之矣絲春

之幾微其心方為之怵惕而不寧而有人焉代為斟酌而示之準則

扁快

其心漸安矣是乎思以徐徐易其動而寬除以徐徐定其心也天地之經之常為倫義者雖悖者不敢縱決也其或不思惜惜之念而有獨狂無忌之行其心方懈然于人言之可畏而有人焉附于正義而謬其旨則為無忌矣以為徐徐斷可以謝人之多言而紛紛可以自快其初意也使于無徐徐之說則若人雖堤志于一時而事後思之

遠

所謂尚覺鯁鯁者勇遠與重春

原批 祖孫作

將有之愈自責溝流呼天而終篤于天顯者矣即不然而旁觀者相視而不平遠聽者猜疑以為戒而人道尚未至終絕也自于有徐徐之說即其人感于之一言而斂手以退孚于忽定悟開欲窮反理而

無從透闢之爭乎而究之徐徐之義見深入乎夫人之心而徐徐之言已不沒于天下之川而大義不廢以終古也哉責其遏息是明示

說○于○所○以○惡○容○之○言○

筆○力○不○及○為○詩○歟○豚○燕○

以緩之無傷而諷以必為夫且將以遂為不害冰哉吾于專以紛先許人亦為不善教矣

此題向有湯若士孫有川文前輯名作孫作最正湯作開拎此篇殆兼其勝 原評

教之徐徐使是許之使徐徐從天經地義之不很淪浹于人心者推出本言之爽術之適以縱也即言不果聽已有此一段害理之語流毒人心勸撫之並曲暢條快從來無此酣適也

是猶執熱

紀宗師歲試閩縣李一等　林上春

就執熱以例所欲若為執之者慮焉夫曰執熱則必有不虛所執者矣其視欲無敵於天下也將毋同意謂今天下洶洶然有火熱之懼焉而或且從而益之益之而惟恐不熱焉彼固不知其所執持者為已左也而吾則猶幸其所執持者為可通蓋凶炎日甚勢固不可以崇朝而呆從益熱之餘設一沸騰之狀而身處其中覺我之克勝乎此者誠匪易易焉則微特謂人之不堪受也亦恍然於我之所願欲大都如是矣異哉不以仁者乃即欲無敵於天下者若是則虛願難憑必有所以副吾願者而彼第孤存其願也通以願之各欲求伸

悼入深然

倒汲下意

杏花消息雨聲中

而方張之燄已觸我以如沸之思壯心未已不圖所以慰其心者而彼將空結其心也例以心之欲覩厥成而緣木之求更動我以探湯之想則有如執熱乎彼欲無敵於天下者毋寧猶是今將設一物於此以遷人世之取攜而或則舉之而易為力焉或則持之而如不克焉徘徊四望之神有大異於搽縱自如之致者而又不特此也即一

二比

縱橫往復文瀾壯闊 注不濯字而不字其息滑

人之身始焉執之而或無俟於驚疑繼焉執之而或不勝其顧慮此其故豈在物哉亦在執者耳夫以熱之就炎而未有已也蒸鬱方深之候固難言攜取之不勞乃有執之者已恥人非往之心矣有執之者又生人沮喪之氣矣執同而執之者不同以視夫經營天下者寧

是已濯者

是不濯者

消二致飾今復設一物於此以驗斯人之識量而或則矜言捷足急遽而罔獲焉或則更事老成從容而有得焉回翔審視之亦有百倍於勇往直前之概者而正不僅此也即一人之身輕試於此而或歉其罔然重懲於彼而遂驗其奏功此其故又豈徒在執者哉亦仍在（翻轉前意更合然）（是謂能轉）物耳（法華）夫以熱之初熏而不可遏也炎蒸交廹之餘固惟覓掩取之良藉乃有不知為熱乍投之而遂郤者矣有既知為熱徐挼之而無妨者矣物同而執之者亦宜歸於同以視夫經營天下者豈有殊途歟故就執熱之常而論則未執之先必熟思夫執之之事不自執而成而後猛烈之氣差足以相渾若第言夫執而已則使有厚愛夫執之（從下句倒而樹之）

端社試草

者方且力為挽之而惟欲其寧出於毋執以成事外之澄觀而奈何當局者漫為嘗試乎（又將正意襯貼執字打出來機趣是其春光）彼夫雄圖乍啓竊思執牛耳於齊盟大欲攸存常願挑釁虜於疆外是亦共此情形也已抑據執熱之理而言則將執之時必逆料夫執之〻願並不自執而償而後炙威之象稍足以相忘若第論夫執而已則使執之者易地而觀亦且却而不前（極善展拓不似他手局緊接下）惟願自處於毋執以免迂疏之訕誚而奈何身入焉竟冒然一往乎彼夫抑袒裼願執鞭鐙以推諸侯混一之懷挾玉帛以來萬國是亦同此雄心也已而不以濯何欲無敵者之類是也

滔〻滾〻自是逸才　原評

執熱　林

開講欵謀字泛論已得全神

連下四比緊承上文為是謀作鎖

是謀 截下虛枯題。疊比就題頓宕描寫法　　戴廷槐

謀非所謀大賢若異其出乎是焉夫謀在事人夫其悔以題謀矣。謀之不臧殆謂是欲孟子意謂今之論人家國動曰不可一日無謀（擒謀字起）耳且夫寡于謀者固見其平國而輕于謀者亦卒致無功謀之當慎也久矣（轉貼是字）若勢處危急而無出乎事人之計豈家國不可一日無者（如題生根）其即賴此謀也耶（領上）事齊事楚此何如謀也而君為我言之（吞吐謀字）其必以利滕之宗社而有磐石之安者在是（頂題是字）其必奠滕之人民而有苞桑之固者在是則是君之焦勞于上而廟堂無遺（切謀字）所為得濟時艱者舍是別無保全之策則是臣之籌畫于下而嘉謨入告所為得（上二比正頂是字此二比反頂是字股法變換）

二比就是謀字蒙反跌下句

二比就是謀推勘正跌下句

紓主憂者外是竟無拜獻之貲不謀胡獲是其多所獲者欲先審（謀字起）而行成不至臨事而束手較諸肉袒牽羊之謀而非固已出乎其（願托此字絶妙机緣）上矣好謀而成是豈一無所成者欲不為百年之保障亦可旦夕（是謀字捴）之偷安比諸乞盟質子之謀而是固可同類而觀矣以是謀而遂（起）先澤想滕之先公當亦默誘其衷而不料其出于是也割地則彼（跌應是字）此之難遵從征又奔走之不暇徒受制于兩雄而卜正之遺封恐（意注下句若抑本位）困是而日蹙則有是謀何如無是謀以是謀而保四境在齊楚之（美仕人情）（貼定事齊楚寫盡謀）君想亦喩與其然而惟恐其不出于是也玉帛供奉于渤海子女（不泥）（將出比較句）入貢于章華長聽命于強鄰而蕞爾之微區且因是而益窘則無、

一比更勝也謀者似當後非吾能及意不堅自助

術博然矣。是害有如許。

是謀不猶勝于有是謀乎出于正亦出于奇茲則奇與正一無所

竊奧名無義不傻。倒下響。

托而當同附和祇覺謀夫之孔多謀貴知彼亦貴知已茲則彼與

不剿

我而無所據而唯諾盈廷徒嘆謀臣之如雨為是謀者或出于齊

字　反如字之

楚之說客也而君竟信其為是耶行是謀爲將開閉而延齊楚之

兵也而吾竟自以為是耶嗟嗟吾初不謂滕有是謀而今竟有是

含蓄不露勁搏

謀也臣不善謀不能為是贊一辭

事實專楚文公實是計無所出順口接個泛謀便見謀之不滅

意抱定是字曲折盤旋淋漓頓挫不但非吾能及句在隱躍間

並是可為慧亦從本位對照起來靈思慧舌出奇無窮

謀之不臧見詩小雅　坐困見蜀志三國史　危急諸葛武侯出師表此誠危急存亡之秋也　磐石荀子
安乎磐石又蔑書同安堪之磐石　苞桑易否卦五爻其亡其亡繫于苞桑　焦勞史記夏本紀禹勞心焦思　嘉
謨書君陳爾有嘉謨則入告我后于內　拜獻礼記表記先資其言拜自獻其見　獲書太甲弗慮胡獲　行成
講和也見左傳　肉袒左傳楚子肉袒牽羊　保障見左傳晉語　乞盟質子俱見左傳　誘衷左傳天誘
其衷　卜正滕始封之祖左傳我卜正之遺封也詩　齊地名　章華楚宮名　蕞爾小也左傳蕞爾國
雷同礼曲礼毋雷同　謀夫孔多見詩小雅　知彼孫子知己知彼百戰百勝　如雨李陵答蘇武書猛將
如雲謀臣如雨　闢闔國策開闔延敵　贊一辭家語游夏不能贊一辭

是訓　識

是禮也　　方從仁

自明其禮之是者、敬之至也、夫禮莫大于敬、以敬為禮、此夫子之心也、人亦求其是者而可乎、問之禮也者、志敬而節具之謂也、夫禮之所在、而文備焉、而情生焉、而器陳焉、而意將焉、不明乎此、而惟求之于名物度數之間、幾何不以博洽之士、即稱為秉禮之儒哉、或之以問為不知禮也、亦曾思所以為禮者、乎事之出于一己者、不妨委曲周旋、故一物不知、引為己恥、君子原無求解免于人、而事之関于天下者、不容苟且從俗、故質明行事、禮有甚嚴、君子烏能昧是非之實、是故吾不敢為吾辯也、正不得不為禮辯也、夫禮有禮之文焉禮有

（為中比起義）

（如萬馬並轡絕塵而）

（奔）禮之器焉禮有禮之情焉禮有禮之意焉其為禮之文奈何拜跪之（反撲是字）有儀登降之有數禮也而非所以為禮我嘗灌將之際或濟濟而陳牲或蹌蹌而執爵寧不識廟中之故事而跛倚以臨者舉所謂僾見愾聞之意不知何有也則禮之文是而禮之情非矣其為禮之器奈何揚朱干而舞玉戚陳簠簋而灌珪璋禮也而非所以為禮祀事孔明之時司犧象者若而人司業簴者若而人寧不守有司之掌故而灌鬯弗恪者舉所謂愛存慤著之懷不知何在也則禮之器是而禮之意非矣乃若禮之情非他得乎必問之心而禮在是也平時志切從先一旦駿奔在廟恍覺臨之在上質之在旁而嚴恭寅畏之情凛

乎其有所自將詳考證正所以嚴對越也而何弗謹焉抑禮之意非
他審乎每問之心而禮即是也夙昔夢懷如見一旦監觀在上恍覺
音容之可即笑語之可親而亦臨亦保之意肅乎其有所自深辨名
二比警錬
物正所以凜式憑也而何弗慎焉是故一念不與祖父相流通即儀
對
文素習而沾沾自喜已為褻越之精神一事不與玆聯相謀畫即俎
上聯入子
豆少陳而三命㳽恭亦失彝銘之家法然則禮也者情與文兼備意
與器相將夫乃可決然自信曰是禮也

禮之所在在于敬謹之至則此禮器禮文臨事何妨于問反覆曲
暢神味盎然是中理蘊悉具覺尹氏雖知亦問不無語病矣　王紱蘭

第二十四冊　卷七十二

則不得亟見　得亟　盧錫晉

賢不得以亟見王公當知見且猶然矣天不得亟見在致敬盡禮豈有焉乃就不致盡者論則不亟見且猶然耳且吾聞士前爲慕勢苟自好者計蓋之謂其闕將一決而不可調也（然且字）然則君子將欲爲世所受教焉其敢輕身於浮慕之至哉必使彼之將以勢分相知尋常晉接之事亦復難必得之於我而後其闕乃隱然莫得（折○得○任○且○猶○二○字○）焉一如王公而不致敬盡禮其意固謂是將從我遊者我不以是無憾其不亟見於我也嗟乎王公若此豈以亟見且猶其甚輕者（反○唱○下○且）使賢者於此而必寬假之（則則字）則所以副其望者當不止乎立談稍依

焉則所以得其柄者亦不外夫廷說如是而王公之為計得矣而以斷乎不得見也蓋曰見可得而亟是道可得而枉矣且彼方鄙夷有道之思而我頓自處焉殆更以見為之巢也則惟有杜謝之見可得而亟是人可得而狗矣且彼方萌籠絡豪傑之想而輙自炫焉殆明以見為之媒也則惟有退藏以避之蓋甚矣士之道息勢也王公之宜致敬盡禮也然則有折節之懷者可以悟矣惟恐其不容士惟恐其不諫君則相須甚殷士則相遇甚淡夫誠感有不諒其守懷者而先於見新之若此也誠感有輕試夫高良者先於亟見絕之如是也為王公者可不瞿然以思而領念夫且有

是之故耶。一令其了然高踞，自無望焉矣。乃何以嚴於始者終於一於卒，是衆平日所倖邀於草茅者，且無以沐其顧盼也。蓋秉躬者其嚴上嚴上也。一令其濟迹丘園，終無間焉矣。乃何以易於前者，反有所難於後，是舉疇昔所原狀於環堵者，且無以通其邂逅也。蓋亦志若之其介介也。見且猶不得亟，而乃欲於見之外有奢念乎。蓋自有督之不得亟見，而天下猶存師友之風，不徒靡然于君臣之分焉耳。

處處注射臣字、則字、且猶字，一一鈎勒得遒秀。

則不遠秦楚之路　江北李學院歲入全椒縣學第二　李濤

極求仲者之情遠求不再計矣夫秦楚之路人所憚行而求仲者不辭遠也何其殉焉若此乎且天下道里之遠邇亦何常之有有不達而遠方寸之近若異地矣即有遠而不遠越國之遙若咫尺矣意有所迫因有所忘即其一往無前之槩與夫計不旋踵之情恍然如在予心目間焉如有能伸無名指者其求信何如耶而秦楚此極思其至至焉如有求而弗得之狀且極疑其望望焉如有趨而弗及之情即使雍岐汧渭關河修阻僻處西陲遠莫遠於秦迺衡湘江漢山川相繆越在南邦遠莫遠於楚也其果不爲遠耶

截上　注下　便就不遠翻勘筆情融澈

才借取則字之神　刻字北就遠字領

墨稀　四　秦　孟子

不遠耶且吾思夫天下有至不遠焉者矣無俟遄征無煩于邀豫邇不踰徑寸之中無虞岐路無患迷塗相隔止在幾希之際其則不遠取攜更談於伐柯何遠之有顧反不爭於庶棣然且畫地而不前然且中道而自反然且將行將疑踟躕在兩可之間然且或行或止倚徙任半途之際況夫雲天萬里行路孔艱秦耶楚耶何日斯徂度亦望斯人而悵阻長孰肯遠騁枝而勞筋骨耶然而人情於此必不然矣吾於此探思其皇皇焉如有求而弗得之狀且極擬其望望焉如有趨而弗及之情雖去國懷鄉人情所悲千里舂糧取資不易豈無攀轅而計者曰道之云遠益少留豈無牽攀

而沮者曰遠莫致之始含是然而人情於此必不然矣夫且無(?)故關之壤意馳函谷之表而不能喬飛夫且花(?)户庭之内斜(?)鄢郢之都而不俟終日自是而秦關百二重如在足下自是而郢城九百里猶在目前浩然以風駕翶然以羣杭何明且健也望吟(?)自蜒而反行者欲跛不能何弘且毅也問有畫地不前者乎無有也問有中道自反者乎無有也問有御輈而可倚徙半途者乎無有也天之涯地之角何以不覺行路之難山之高水之長何以不辭跋涉之瘁豈其捷足先驅能同章亥之步遂欲朝秦暮楚徒然饑何之趨然而勞勞若此則何爲也意吾知之矣

淥〻潑〻灑〻洋〻逸興遄飛。新硎煥發。殊有行文樂境。要其制勝。尤在中權。俯探下意。光明迸射。如月在雲。劉方舟

一氣呵成。機流神旺。○氣不因排句而傷其機。流也機不以疊比而滯其神。旺也。非然。即欲附同安派。從溪縈瑣細碎矣。大凡文有生氣。全在疊字流轉。猶人有生氣。全在血脈貫通。讀者須就運用疊字上。繹其章法一縷往復所在。○按淮南子禹使太章步自東極。至於西極。豎亥步自南極。盡于北垂。許慎曰。大章豎亥。善行人。皆禹臣。○詩小雅閒關車之舝兮。朱註。閒關。設舝聲也。舝。車軸頭鐵也。○小箭原本云。方寸之際。若閒閒矣。溪溫澗閒為閒河之閒。據註易之。黃也子存

則不遠秦楚之路

江蘇張學院科
入金匱五名　鄒嶧

有不辭其遠者惟所求者切也夫秦楚之路何其遠也而屈指之能伸則遂不遠焉其所求者不既切哉且吾人有不遠之後焉顧不得以遠言者神明之地也而不得不以遠言者疆域之限也至于情有所迫則形勢不得而阻之雖限以疆域而一若近于户庭固有無遠弗屆者已盡觀于屈指之能伸者乎尺寸之失養於大體不甚相關惟能伸則伸之可也而何必百計以圖維也偶國之微疵即終身亦復何害苟難伸雖不伸可也而何至越境以求全也然而人情保護之思恒以有觸而即動而人情愛惜之念或

原評：明下意入雲際

心字

又暎

聯來須趣則定之神

且一發而難收試為之極遼廓之形試為之窮闇隔之勢抑試以不能驟得之遇而謀之於必欲求得之人且試以無所不至之思而攄之於萬難驟至之地夫不有秦楚之路乎地非接壤則道里恒若其阻脩況若僻處西陲者尤不可以朝發而夕至也而惟是情之既篤雖身未往而神已馳寧肯以跋涉艱難致嘆余懷之渺渺一生不同方則往來似多所未便況若介在南服者尤不易以舍此而適彼也而茍其念之既專覺足欲前而情亦奮當不以弱思在遠致憾前路之悠悠則吾見越峭岐涉汧渭擧趾不畏其勞則吾見歷漢水抵方城奔走不辭其瘁則吾見不得于秦衛焉欲得

切秦

切楚

進前一層看取則字

逸點則了了大珠小珠落玉盤

之於楚而不憚越國而過都則吾見未得于楚昔更欲得之於秦而遂易南轅而西轍而亦何遠哉且夫遠不遠亦何常之有苟以

（開出儀論下流二字更合）

（看得活心字更照得出）

為遠則密邇之地尚不免於睽違方寸之間或且分其畛域蓋意所不屬縱居同室猶處異域也劃其限以封疆也苟不以為遠則尅期而至不難如取而如攜望道而趨直欲有迎而無距蓋情有所鍾縱邈若山河亦如覩色笑也劃其指頓可得也望一體之無虧不恤一身之勞瘁欲赴之志恍若有不可終日之思求自全其在我遂至遠邇於他邦願見之殷直同于飲食中心之好此無也指不若人故也柰何不若人者之獨知有指也哉

頻伏心字關𦙶靈緊領取則字摹寫入神至秦楚二字或參活以融其旨或緊切以生其波可謂極小題之能事　管聿修

則不遠

則可謂云爾已矣

江南謝宗師科試
無錫一等六名　張文耀

聖人所可信者無多、不欲以聖仁相謂也、夫人謂夫子聖矣仁矣、抑知所可謂者、不過為誨云爾乎、且夫人尚有一善則當世皆而名之、究之其所名者往往浮于實之所稱則不如稱諸己者為尤慊也、夫自治治人之學、人人其中而覺此語之差可安、返諸躬而知此外之無容托、則人人亦可共循乎其實、而正不必矜謝乎其名、吾故以為不厭、誨不倦、為世之言聖仁者告也、漫舉而謂之曰聖云竊乎仁亦爾乎、將有畢視為誨之業、為托始于此而猶未已者矣、懸擬而謂之曰為未已也、誨未已也、將有妄企聖仁之域、為有似

原許截上

于此而已可焉者矣。而亦念教學之功、念誣勿稱者謂何也。豈非
之而不顧其安。而亦念人己之修永矣。貽譏者何謂也。豈愛之而
不擊其當。將謂有加于爲論之外乎。抑謂僅見于爲論之中乎。夫
不知其任可而奉之太激也。自知其不可而踐焉之者安也。奉其
不止于此。并其可以謂是而亦謝之者修也。知其僅止于是。即其
不止謂之而姑任之者讓也。一則惟是希聖求仁之謂。以久禮樂于
夙夜。以之廣勵於同堂。人不知而我竊私自慰也。人知之而祇可
互相質也。實至而究訓其稱云爾者歷歷。其不誣也。一則惟是成己
成物之務。毋歷久而怠心生。毋憚勞而私意起。以我示人而人樂

[illegible]

外炫也以入許我而不為瑕瑜也名歸而遂存其量云爾者其堪証也然而止此矣不沒其為歸之真斯亦已矣而外此更可（轉捩一片）（帶聖仁）望乎分量自有淺深未至者之無可接衛之已至者之不容卽也然而盡是矣不藤于厭倦之乘如是已矣而參悉何職信亡詣力循乎功候過此者未之或知厭倦前此者係而勿墜也則可謂云（反收絕有神韻）爾已矣不然而妄薦聖仁恥言為諱志實得而役志虛無離不學而遽希上達無論聖仁不可得而至也卽不厭不倦亦何補于我哉今而後吾願與二三子終身焉而已

靈空縹緲不異晴絲十丈無一塵翳祝其筆端　原評

邃字撇翻點逗轉換騰挪神色飛動神吻宛合用筆離奇矣
作住仍迴非復尋常阡陌蹊徑漸
七字內實理虛神兼到有自任意有自謙意但解領取自謙意
作一撇半捌窺乎聖人之分量不出文兩邊俱到而局陣空靈
純是古文神境再經泰渊識

則可謂

張

則可謂云爾已矣

康熙辛丑 顧棟高

聖人所自居者、爲誨之外無他云也、夫不厭云爾、不倦云爾、固非有外於聖仁、敢即自謂聖仁乎、夫子之自道止此、謂夫畢生之造（思取全神）詣約計而無餘、而流俗之相推、繁稱其曷當、旋使人之知我一如我之自知者、而何必於聖與仁中求之也、（則字呼之欲出）有如所稱爲不厭誨不倦、此丘之自勉焉而望而未逮者也、爲憤爲樂吾年發老、（捴謂字）疇敢謂爲焉而已、（點落）至此丘之共勉焉而有媿未能者也、請業請益尚疑有隱、（從豈敢來脈領入）疇敢謂誨焉而已盡、然以世俗之重推工也、而以謂之不厭則亦可矣、不已者時不息者、學出此中之志氣與天時爲往復、聊勉

於不已不息之云而以謂之不倦則亦可矣大公者道樂育者心
竭我生之精力與人類相周旋庶幾於大公樂育之云夫一誨而
（二十八字）
（針則我豈敢虛領可謂已矣之神）
使人不敢居與一誨而使人不敢卻不敢居者必於其人有溢量
不敢卻者必於其人有實得甘苦貴自知爾名之所在而居之有
所甚難與名之所在而辭之有所不得居之甚難者必其為我生
萬無可幾之事辭之不得者必其為我生並無可寬之責深淺俱
（款曲如而談）
寔證爾平生之條萬既消磨於稱詩習禮之下使并此不厭而亦
遂相謝也丘何以自解於無所用心之誚大行非所望秪慰藉此
有德有造之英使并此不倦而亦與相卻也丘何以自慊其無行

（此方寔能有步驟）
不與之衷一故希賢希聖寔有其志成德達材寔有其心此外欲溢
（已字曲透）
毫末而不能此中欲謝弗居而何敢乎謂學以忘年而亚之志學
自十五謂有教無類而亚之設教有三千測我於自棄之人之地
（迥盻聖仁含毫邈然）
而失我窮我於高深莫測之境而不愈失我乎寔証焉而非虛學
可質也歟可求也函丈相觀之下人人共識一丘焉自知者為不
妄其能之無容諉也其不能無容躐也反躬內考之餘隱隱獨喻
一亚焉則可謂云爾已矣聖仁云乎哉
可謂云爾與則我豈敢乃一呼一吸篇中覷定來脈虛領寔証
回盼直視皆得其態他文雖鬆靈清蒼有骨須讓此才

則市賈不貳　或欺布帛　新會縣學　伍燊垚

進並耕而言市賈因先念於布帛焉夫市賈不貳意以杜偽而防欺也陳相豔稱之不先驗之布帛乎且自市法創於神農操其業者童而習焉而安焉幾如衣服之有布帛不可一日廢矣顧創之古人具經綸之有道而行之後世先期杼柚之無空則入五都而權貨列於肆者未嘗不首重女功也吾何以欲從許子之道哉許子學神農者也神農以前茹毛飲血而衣羽皮自西陵氏民蠶而布帛之利興焉於是開日中之市熙熙攘攘往來不絕者無非布帛之民而市賈亦從此難定矣乃許子曰否否有不貳之法在且夫國中有市市有賈操

籌入市者不皆　布自愛之士過市問賈者吏非束帛待聘之人異言異服雜遝於其中相軋相傾糾紛而莫定此偽道亦欺道也藉非有道焉以使之不貳何以杜其偽而破其欺哉特是治市之法自神農以來皆不傳至我周始設司市一官糾其詭亂禁其奇衺泉布掌之內府湅帛詳於染人於斯時也有飾市賈以欺人者五尺之童且非笑之豈非市賈之畫一乎顧竊於市者有定規自無慮不帛之罰而藏於市者不一類當不徒抱布之僞許子之市猶是市即猶是布帛也盍先言布帛夫布帛特市中之一端耳古之人君大布之衣大布之冠躬行節儉以為民倡故布帛視他服用為尤重雖王制之言布帛有因乎市而言者周禮之言布帛有離乎市而言者究之生民所賴日用

所需賈人所懋遷國中所交易者。雖不僅有布帛而止可於布帛先驗之矣。進觀長短同而賈相若。賈不得貳人安得欺哉然則許子不惟知耕亦且知織設有作偽之徒挾布帛而思三倍者許子曰無以為也道從其同而已

跟定神農從並耕跌出市賈脈理既清腹笥便便亦足自暢其說可云有筆有書

則在君與子　農之言者　觀海集　林國璋

以法古者曷君臣而託古者又有說矣夫曰君與子孟子蓋以責滕君者責畢戰也彼為神農之言者其說曷足據乎且治法賴治人而行此非徒託空言也而酌乎古自可準乎今即生乎今何庸反乎古蓋責無旁貸法古敢存泥古之思而論屬不經居今何作匪今之語以今師古不以古惑今夫乃嘆君相之規畫未周而荒遠之悠談遂起良足慨矣井田大略孟子既言之矣而復言潤澤何哉吾思草昧開而除墠築壇潤色特隆乎黃帝土地闢而明農教稼膏澤猶仰乎神農非以聖神首出自堪潤飾鴻猷哉則孟子之言君與子蓋以勉滕君者勉畢戰也使必專其權於我后而謂

重農貴粟不必參末議於臣工然黍胡以念豳公棠胡以懷召伯
知君為元首端資臣作股肱也以孟子經界之言而調劑盡善則
農功是務何難挽叔季於敦龐使必委其任於羣僚而謂九穀三
農不必耤有為於君上然力田何以有詔勸農何以有經知蹇蹇
臣躬更須乾乾君體也即孟子潤澤之說而裁制咸宜則農政是
修自可復休風於皇古其曰君與子非即為君難為臣不易之說
哉今夫言有取乎復古者責君尤貴責臣也而言有託於上古者
欺世尤能惑世也蓋論大權所屬斷不容以謬悠之論謝其責於
旁觀故君則政講務農臣則職司巡稼能獨任而必期分任而國
家之制度一新而論立說之繁猶或恐以門戶所分靡聽聞於君
相故進說不關時勢立論不本前賢以今人而慨慕古人而嚮間

七

之危言曰出此神農之言所由來與其或見夫談天雕龍之輩妄
爲放誕而別樹一幟以搖世主之心思蓋神農之言早默揣夫滕
之君若臣飭紀整綱而欲爲此言以駕其上也意實原於卑近辯
已極其荒唐推其心直若使神農已遠自我作古則其言爲循蜚
疏仡所難稽其或見夫楊朱墨翟之徒妄肆鼓簧而獨創一解以
蠱君民之心志蓋神農之言又孰聞乎滕之君若臣尊賢重道而
爲此言以顯其奇也世雖慕乎上古語實類於齊東測其意直若
謂神農以還皆無足道則其言豈刑名法術所能同其言也蓋亦
滕之君與臣將行仁政而獨伸其説也此固滕之不幸而亦孟子
之不幸哉

則在君與子矣　聞君行仁政　楊芊集　楊渙元

告滕臣以潤澤之責、可進觀異端、一稱滕君矣、夫畢戰固欲佐文公以行仁政者也、孟子於井地、一潤澤、告之以在君與子、彼許行之以仁政稱文公、不可於來世、時誌之乎、且士君子謀人國政、固欲冀當局之感悟、以動遐邇之聽聞者也、惟欲冀當局之感悟、故風化之修明、必專其權於君相、惟能動遐邇之聽聞、故南邦之異學、先美其譽於君公、此以知告諸臣者、固責有攸屬、而稱於君者、匪無因至前矣、日者孟子告畢戰以井地之大略、而商及潤澤、誠以畢戰固欲輔文公以行仁政者也、夫仁政始於經界一言、孟子特對畢戰言之、非對文公言之、且使畢戰聞之并欲使文公聞之也然則潤澤之權不綦重哉潤澤之責將誰屬哉告之曰在君與子斯言也畢戰其備聞之乎夫畢戰苟能以孟子之言入滕之國門遂以告文公將見畢戰佐文公以出治不必別務遠圖而仁政之行可以次文公命畢戰以宣猷不必徒托仁聞而潤澤之效可以期明良之會於茲接踵不誠可為滕慶乎而文公何如也而畢戰何如也吾意孟子之言滕之君若臣必有譽而行之者不然何以仁政之聞聲名藉甚不特傳聞推許而且聞風趨向是豈非孟子之言有以致之乎所異者文公而果行仁政何以不先聞自言井地之孟子而先聞自為神農之言之異端也異端為誰則許行是許行者楚之異學也其之滕者度亦知文公欲行井地之法而陰挾其為神

農之言而來耶夫楚在滕西南欲之滕可三十里而至焉乃許行偏於踵門之頃哭曰遠方之人直欲託其向慕之誠而迫不及待一若傾耳之餘得此美譽之傳其不憚方域漢水而跋踄而來者蓋欲尚晤於文公而開來滕之先路也噫許行亦狡矣哉由今思之許行仁政之言較諸孟子在君與子之言何如也蓋孟子之言嚴而切必使君臣交孚而力行夫周官之法許行之言諂而詐直若黄農可作而致辭於滕君之廷進覩其言許行之意亦可見矣

則百姓親睦

蕙林軒集　馮一梅

親睦之俗成、井田之效見矣、夫百姓之親睦非易致也、乃何以竟能親睦也、井田之效不可驗哉、今欲使攘往熙來之衆胥化爲睦婣任卹之風其勢固難猝至其效亦非易求不知論其勢則閭閻敦仁讓端由儔類之雍和而論其效則觴豆鮮紛爭仍本宸衷之措置向猶疑書成康樂化理不易期也今乃歎治洽雍熙轉移非無術矣相友相助相扶持斯時也不已和親之治見於鄉閭敦睦之風行於里黨哉然而美俗要有由致也然而上理非可猝求也草野本愚蒙而里鄰之志趣相離化導終形其扞格設感我帨猶驚尨吠觀我旂未格鴞音則敷施絶少經猷安能以禁止令行除叔季囂陵之故習羣黎皆善類而族黨之性情既洽澆漓即化為敦龐苟驅車牽服賈之牛飲酒酌登堂之兕則垂拱可觀成效何難以彈丸黑子追唐虞渾穆之休風維時起視其百姓則雍雍然相親矣則熙熙然相睦矣則見爾乘車我戴笠徵親睦於相友之百姓矣則見爾執戟我修矛徵親睦於相助之百姓矣則見有則相安無則相恤徵親睦於相扶持之百姓矣溝塍相接阡陌交横垂髫之童含飴而舞巷鼓腹之叟擊壤而歌衢鄰君將拭目而觀曰滕之百姓胡若此其恬順也鄰民將延頸而仰曰滕之百姓胡若此其和樂也而臣以為非井田之法不足以臻此耕田讓畔之風之莫覩也無善以理之有付之想像焉耳誠得賢君相與為措置則設豆

償々。奚慮乾餱啟釁吹豳飲蜡咸將擊鼓與歌安平良易期矣
平廿迨觀時勢猶恐衰頽之末俗難復古初迨至野無犯齒之
賓國有同袍之士夫乃數茅檐知揖讓胥關於堂陛之謨猷也
而猥云盛治難追哉老安少懷之志之運繼也得尺柄以操之
有挽知應響者矣試觀古盛時不寡張皇而酒醴交歡化顓蒙
為儒雅豆觴知讓易澆薄為雍熙轉化豈無術乎吾儒紹想承
平每疑民物之休和自關運會迨至迎虎迎貓觀其禮烹葵菓
菽誦其詩然後歎風俗樂時雍胥本於朝廷之學畫也而猥曰
措施無自哉井田之效於此見矣。
環絡藻繪之府接響文雅之場非郊寒島瘦可比

則有餽其兄生鵝者　王澍

蓋邑之饋不意適為廉者見也夫以仲子之廉而見有生鵝之饋且適當歸之時豈偶然也哉且生人之離合蓋莫不有定分存焉苟不（適出時於自則有二字突如其來）欲其終合當其合之始無意之中即已若置一事焉不先不後而適相值如仲子之歸此其與母兄相合之機也當是時也念骨肉之久離幸一朝之得見一母一子一兄一弟其情洪貫洽當有大倍尋（二衣收下六字）常者而生鵝之饋適在其時夫饋問往來亦人情必不可已之事此一鵝也在饋者以為應酬輩而進之知有其兄而已矣即在其兄亦（則字）以為甚微愛而畜之知不知可饋而已矣獨無如正值仲子方歸之

姚感景滿

除人自饋其兄耳于仲子何與仲卻清苦絕情豈能使天下皆絕其

則有二子正及仲子心目中爲齒少許多於

時而自居於陵來絕未嘗有此意也今日第八世蹤即所見知此不

辯則此子羨先

謂絕情之人偏為世情之所遺也其兄獨有饋耳于仲子之歸何與

細思不

仲子不能枯槁滅情安能必天下不通其情而自於陵歸初不知遠

有此事也今日未絕世情即所見已大不如此小謂俗情之擾偏驟

將人情外也故無論前乎此後乎此其饋不可勝言也就此一饋儀

原批

而又與其鵝焉謀而思得其鵝焉而局外聞觀乃有方歸之仲子也

此一段謬

則驚駭然作目矣且欲此歸時之一饋儀而款門而來者有鵝焉儀

而款門而來者又有饋焉而於後一時正不知此饋從何處至也則

周旋如此其與矣是故生鵝本不足言餽而仲子以為餽之生鵝者未

原批放作曲折合本題八字氣勢迅而出

歷懷首態

嘗無有而仲子以為忍有仲子未歸而餽其兄者無所不有仲子歸

而生鵝亦不意其有不意其有而竟有則有饋其兄生鵝者仲子已

顯忠生色神到秋毫

為乎其心而著之矣此所謂不欲其終令常置一事以為之端者也

而于是仲子果慨然歎也

嘗得乎此字極平淡却不使仲子相值摹出促中傑性絮然獨

拌出景則有二字皆一片清氣靜光所攝

則有饋

王

○○則安之

李鍾僑

安以綏遠人待來者之良法也夫人情莫不欲安而既來則復何求然則安也者非處遠人之善術也歟且思安而惡危人之所最慾也故致力於奠厥攸居而甘心於適彼樂土令使遠方慕義之人視吾所為背有倪焉欲去之心惟安之術不講也如遠人而既來矣其來也感文德而來其非畏威之謂其謂吾能招携以禮懷遠以德一旦降以相從其將有以鎮撫我也其毋以兵戎相見而一矢相加遺也是故來則求安此其勢也而或者顧曰是令不在吾宇下乎吾將師隨之矣又曰是敢不惟命是聽乎吾鞭箠使之

筆未落而已生雲烟

應綱鈔選　論

耳。若是者自謂能張國威也，善服衆也，而不知遠人之來也，亦棄大國之安靖已，而不虞禍心之包藏，則合者必離，亦各思憿二國之好，而忽見吞并之來，感則服者始貳，是非安之不可一天下之道。莫大乎有不相信之苦。安之者布公推誠，使遠人知吾之依義非有所二三也，四隣其無解體矣。夫天下之患，莫大乎有不相下之勢。安之者深恩厚澤，使遠人知吾之相恤（太敘厥辭）非有所侵暴也，四方其悉歸心矣。是故修禮陳義，安其上也；循風樂俗，安其下也；交撫往來，儀容俯仰，安其境內也；兵革不交，烽燧無警，安其四疆也。蓋修是修文德之心，而遠人之服，真服矣。夫何今之不然也。

評

腹有等身書。而微見風采。恐夜光之輕投也。吾望其有守而知之。

原評

秀氣成采。安宇亦無剩義。

則安之

李

則安之

林應兆

有所以處來者勿利其有而已夫來者固甚望其安也利而有之亦異乎予之所聞矣今夫上下相安者國之所以長治而大小相安者又人之所以永懷則豈惟治內者當患不安哉待來之道亦若是焉耳然而背均安之訓者謂先王之制不可拘也何弗忝而有之乎切貪寡之戀者謂子孫有憂不可忘也吾其聚而收之乎且也彼而既傾志於我則將威福惟命也予奪惟命也棄而不取謀亦拙矣哉而繁屈服乎彼則必孱弱不堪也國存無業也失今不圖悔將追矣由是被有人民則易吏以治之據其衆殲其族雖

業有元元之多心猶未厭彼有土地則置成以守之削其籍并其
疆雖斬其緜緜之澤實弗遑恤獨不思僻在遐方而一旦向往亦
謂寄於宇下其必有以安集我也今也莫奏我農功虔劉我邊陲
不甚拂物志乎而欣然而來者旋將戚然而去矣地處遐逖而忽
焉歸化亦猶隸在版圖其必有以安寧我也今也擾亂我封疆離
散我赤子不且失所恃乎而竭誠以來者究且携志以往矣且所
閒於有國家者豈其然哉則且紛擾不寧爾不為備者我不為宄
安樂上而必得所樂樂然其遂于浩蕩之天而不自貴也則且勞
來有方爾撫我屢者我無爾詐懷鴻鴈而賦安宅愉愉然其遊於

寬大之域而自相忘也是蓋以不患貧寡之心安之淡然無欲哉
自有無所覬乎彼者而烏用貲之以為利更以患不均安之心安
之秩然各得我自有所𡍰足乎我者而安用躬之以自封即謂
馬啓疆者何國蔑有江黄盡于楚牟婁入于莒凡茲遠人皆有岌
然不寧之憂而平定安輯以待來者實為王制之不可易即謂潛
馬還志者何家蔑有郰防據于私門蕭戚竊于强族惟茲遠人皆
有屹然震驚之懼而綏安撫柔來者如歸實為古訓之所必詳兩
階干羽不聞于苗格而後徒事紛更虞芮待治未聞于質成之餘
更令騷動何今之所聞異是耶

言成經濟文采燦然器之刻鏤繪畫而適用者也原評

則字脉急作者舒徐以取之紆餘淡蕩竟幅一氣

鄧安之

縣

截上

节題必須先用寬步

則何益矣　截上題

欺人而無益適成其自欺而已夫小人之揜惡著善欲有益也而曾可以慰其心乎是知無益者惟此自欺之事耳今夫人情莫不求益矣使平日擇术有益之事而為之不倦則撫心自問幸其無憾者即與人相對亦樂其可安此而謂之有益于吾躬也豈其誣乎若乃過既積于平時功雖歸于一旦此亦人生之爽然自失者矣如小人之揜惡著善不能令人之不見之也念此時抱愧之心正足以入于君子之路倘偶一歸之而遂無異端人也小人不將自鳴得意也乎此時善藏之計正見有不欲自欺之由倘稍為術焉而竟大異匪人也

則何神理

此屬翁欲從前未有

快出則何之故

老出甚字　反須有着折入

小人不且自幸捉得已乎意者其有益耶使于此而竟有益也則是畢生之才力能召不善而與之伸者復能却不善而與之遠小人之巧交游君子之拙矣而無如前此不開防制之功相習之紛華徧不（正博）固高良拒擘而肯暫躁也一生喪意之資即為此日敗情之具人誰（真是所為乘隘）（不合）無良應塞何裨矣抑使于此而果有益也則是一人之圖謀與不善可以慶同心者又對善人可以偕合志厭然之情不損閒居之樂矣而無如當前既有觀變之明襲取之道義偏能乘傍徨驚顧若亂人（是小人意中光景）（幾失之）意也旁觀莫厚之士足懺當躬詐偽之心逸巳自念竊嘆徒勞無則（自枝入妙）（入根邊一層）（轉）何益矣倘知其無益而悔悟漸深安起此生之可棄而小人不能也

絕若
藕肚
好蔽

不罪既往之已非反根襆藏之太淺將盈此欺人之術不轉多乎徧
知其無益而再三審擇安必為善之無時而小人不獲也始循偽倚
賢人之側傜即不入正士之門將後且自欺之端不弥滿乎吾其小
人心机已盡而獨蹤仍然至此殊無謂也愚哉小人天壤甚寬而汝
心無日至此當變計也雖然彼小人者何足責乎願告天下君子曰
此之無益者乃向之不慎獨人也

註中卒不可揜卒不可詐正解何益從此詮發自不重犯上文篇
中亦多讀思新論

則枉尋直尺

丁峻飛

直不敢所枉亦言利者必至之勢也夫陳代亦以所直之多爲辭乎然苟有枉之念則尋與尺之間豈能必爲之防也哉且自聖賢有達權之論而末世遂以便庸流趨附有調劑之謀而鄉黨不能識不肖無他彼有所托以爲居身之固吾無所防以察善後之圖誰以自好之人辨入于不可知者往往而有矣若于所謂枉尺直尋者既不復以吾之枉爲可耻則意在于枉意在于枉則枉而已而凡枉之多與寡俱可不計也既不復以吾之直爲可恃則意不在于直意不在于直則分枉以致直而已而凡直之多與寡俱可不計也則且因于枉

尺之說而設為枉尋〻與尺不同而其為枉也無異因于直尋之說
而設為直尺〻與尋則異而號為直也或同一枉不可訓〻之以枉則
句〻與康成語為轉
不枉而悖其訓矣然而曰我非枉也直也特以枉將之來幾其術既
正其徑斷然不疑一枉而不可止羨所謂一之已甚者今且念茲靡
勢任
德焉枉不論功〻而可論則不枉而無其功矣且將曰我之枉也直
忠故以尋計之未幾情之既隳難之斷甘乃遂一枉而不可償羨所
妙
謂我躬是闕者今且人言不逾焉吾惡其久非樂為直也不過欲飾
妙代不[illegible]予〻枉耳
一時聽聞而備設宛〻諂名釋從前〻積咎也故方其枉之時無妨
筆力森透刃鬣
肆所欲為以饜平生之嗜而操以來然薄積動人節取乃兢知究竟

之所報者止于了而已乎又思其人并未必直也（愈折愈疎）不過當世諒彼初心而謂其委蛇之迹必有深沉之用也故方其直之時非真委葦故態以期名譽之集而早于貽節伊始料其小成（刻骨）又安知積漸之所化者不并尺寸而失乎如是而利也則將為之否

論本句尚未全然則字神理直注承可為句以文並未見其挑剔也無數翻騰只在頭中四五字而下文盡能吞吐其用意則刻削無留餘其用筆曲有蘊藉深沉之氣正須分別看之　范伏菴

目註下文則字一轉即無餘地神抱上文則字宛轉委曲枉尋直只四字亦字字矢鋒相直思力清深然別者多見淺陋耳

則是厲民而以　惡得賢　貫珠集　孔昭乾

以滕君爲厲民竟斥爲非賢焉夫滕君未嘗厲民也乃自陳相言之則以爲自養矣不且斥爲非賢哉想其述許行之意謂天下不平之事有自古迄今安然行之而曾不以爲非者惟三代征賦之法耳殊不知征賦之法興則民愈艱難君愈逸豫民日賤而君日貴皆三代聖人作之俑也所望一二賢君痛懲其弊以造斯民福滕君惜未能如此有是哉滕亦有倉廩府庫哉夫倉廩府庫亦古之號爲賢君者創之也以爲倉廩既安則水旱備而可以衛民府庫既充則軍國足而可以衛民嗚呼是欲擾民而巧爲之說也吾試爲誅其心吾試爲窮其隱彼其心亦知胼胝未能不及斯民之

自給也因創為貴賤之法以調劑之使民從於君而有其說彼其心又恐稅斂橫加轉拂民意而難繼也又創為什一之法以均平之使民循其額而樂於輸其徹助亦似至公不知正惟至公故陰受其愚而不及覺其征斂有時亦緩不知正惟能緩故雖延其賦而無可逃噫得賢君如此君從此樂矣民從此病矣豈不知求而耕火而耨終歲耔耘勤苦倍至也而君不問也國有常用徹之而已矣豈不知仰有事俯有育閭閻日用纖悉賴斯也而君不顧也歲有正供足之而已矣果其積儲曾裕籍以備荒歉之災則猶可言也而無如玉食錦衣徒快其尊榮之意果其挹注有資移以助困窮之輩則猶甚當也而無如繁文縟節事以飾廊廟之觀雖不至臺池苑囿侈然自張而為朝聘為宴會度支日出試問其適從

何索究有時服御起居公然自肆而曰等威曰典章威福自專竟視為分所應得嘻此皆億兆之脂膏一人有盈則萬姓必歉括而歛之何以安黼座之心此本錙銖所積累奪之甚易而聚之恒難朘而削之或已下窮簷之泣甚哉儒者之妄也動謂體統所存不宜過畧故禮法必備雖欲減其賦而不能甚矣君上之恣也動謂額數之屬理宜急公故綜核必嚴即使蹙其生而不恤吁天地生人何分厚薄損於下以益其上未免違天地之仁聖賢立法必泯偏私厚於己而薄於人未免失聖賢之旨吾為之跡其心吾為之窮其隱是直厲民而已矣是直厲民以自養而已矣惡得賢惡得賢

則怨

紫陽鄒　鵬子翼

怨起於不孫後者可以知難養之故矣夫怨非女子小人所敢出也近之而復遠之則怨矣此其所以難養乎且古盛時朝廷養清明之德宮闈泯觖望之私凡以在上者能弭其憾也自駕馭之術既疎而宵小之嫌莫釋人主於此猥欲平其情抑其情焉無論勢有不順也而實為其情之所不能禁近之則不孫將必遠之而後可乎抑知女子與小人更有難養者在謂遠可以消機變之萌而妬忌日尋其報復故其時蛾眉抱恨鬼蜮工愁何能化一時刑威之迹而順以受譴也以絕驕矜之態而黨同潛結於宮廷故後

世女戎亂國小豎閹宦之不因羣小陰柔之氣而害以興然則怨之作也非由於遠之故哉從來嬖婦僕從身居早賤以勢則不敢怨乃愛憐漸失於晨昏飲恨即深於寤寐君若曰吾嚴以制之毋令其狎我威尸無如望恩者久冀寵恩而遷移未及郊遂之地荊棘已生肘腋之間縱之難圖激之生變擾攘者貽禍幾人家國矣君子觀搆怨之由而嘆遠之者之難以勢禁也從來奄宦嬪妾生長宮闈以情本無可怨乃面目以漸改而生憎語言以習熟而寓諷君若曰吾刻以待之庶幾其不我玩耳無如畏我者轉而怒我而聲色詬厲之稍及衣裳容止之全非始則懷忌繼則思爭詆毀

者累盡外廷卿相矣君子觀召怨之故而知遠之者之難以情遣也怨莫怨於女子小人之均相敵也將以鑒婦人臨朝之失如寵者亂及帷房將以懲宦官干政之非奪權者變生左右迫至一女子怨而衆女子恃為內助一小人怨而衆小人結為外援袵席之間伏戎機焉而其禍患不可勝言矣怨莫怨於女子小人之交相忌也或以媚子從公恒怨易形於妃偶或以椒房專寵猜嫌人起於侍從甚至女子怨女子激而爭寵倖之私小人怨小人合而釀紛更之禍宮寢之池有戒焉而其株連靡有已時矣夫惟聖世貞靜幽閒凛陰教之

後先奔走必正人之與居養之得其道

又何怨之有哉

網羅全史無劍拔弩張之態原評

史論熟經術精揮灑淋漓瞭如指掌而又得爽利之筆以達之

故語語洞心刺骨沈少潭

鑄史鎔經筆酣墨飽鮑少雲

則怨 鄒

則修文德以来之　吳韓起

王道不勤乎遠畧慎所修而已無外矣夫文德既修天下自治以是為来之云耳而豈真鶩心於遠哉益考三代之政若謂商強而周弱則文寔為之雖然吾特患其不文耳禮樂詩書豈繚人國家之具哉且夫武功所以取天下而行之既久其國家知動而不知靜公卿大臣咸懐於强之思文德所以守天下而脩之愈純其國家可治而不可亂社稷山川亦供一王之靈故嘗謂魯秉周禮從無不服之遠即有之亦請以文德之說進何則為治而輕變亂其祖宗者治之大權也魯之初崇信而敦義隱文德之意於寬厚立國之中子孫得之踐

洞見立周精作

紀綱法度之所以不衰為治而不諱率乎先王者堯治之大猷也周之初立德而陳常大文德之用於疆界彼此之内後人師之即風俗人心之所以未壞則試備而不均不和不安者以為德君不能自焉薄而務發王章臣不敢自冒犯而務肅侯度齊齊乎其文之矣猶恐其未也借四方之或逆或順以考其德責之瑕而休恤要期于無疆而後知盛世無所為召遠者也夫是之為感召也已矣則試修而已均已和已安者以為德恭順著於朝廷而君子可歌雍穆被於草野而庶人不議秩秩乎其文之矣猶恐其未也取四方之或循或拂以治其德意之疎而慎修不替于思永而後知乎治無所為致遠者也

則修文德以來之（論語）　吳韓起

天昊之爲馴致也已矣蓋吾讀詩而見夫檜之卒章傷天下之無王曹之卒章傷天下之無霸文德之不可以行於世也時也運也要以招攜懷遠之畧其初亦不過失于譎正之雜易遂至厚集天下之勢而不足以析天下之心故君子羞稱桓文去其假而獨修其真吾作春秋而見夫分惡于垂尊故有以貴治賤之文防惡于相柔故有以中國治戎狄之義文德之不可孤行於世也理也數也要以柔遠爲邇之方其究亦必至于反躬之無玷然後可以天下所共服之表行夫天下所共白之事故君子專尚敎化修其常而不道其變當其時修意修言修事總而謂之修德王者所以大居正而治平日久不開

氣一戰之燃來享來貢來賓總而歸之來遠王者所以大一統而邦域以內洛然天地之象文不能弱魯豈能弱周亦可以穆然思矣

輕頓以來之重發脩文德手眼高人何止數倍其論議崇閎則李杜文章光芒萬丈也 伯冲

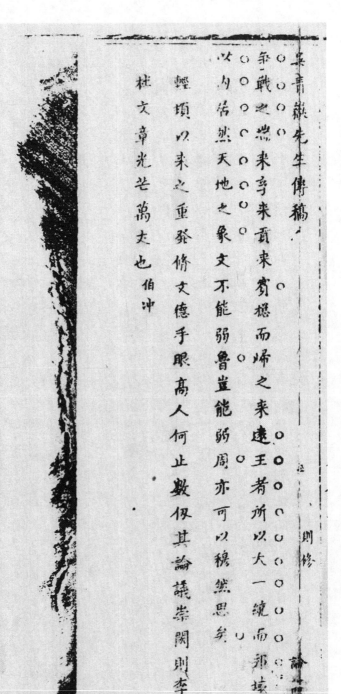

則修文德以来之

張　江

来遠以德有國家者所務修也蓋文德者所以為國家亦所以服遠人也盍亦修而来之乎且昔先王耀德不觀兵將使凡在宇下者有相附之情而無相睽之勢也倘惟是二三友邦不能和協是我實有闕德而莫為感而通之路曰勤遠略其誰應焉以丘所聞均安和三者文德也先王所以安定其國家而即暨訖乎遠人者也則夫遠人之不服也豈有他故哉風之行而物為之梗積弗厚焉耳我無以翔洽乎大化則徼不亭讓不貢諱增其負固之心勢所格而中受其爭順阻違焉耳道既以昭明之有融則干戈戢

兮矣棄無攢於群至之震是故不患遠人之不來患吾文德之不
以提爲補
修也凡夫修之云者豈惟是訓典之光昭文物之顯懿而日無幾
先
其求之哉其立綱陳紀之必舉然各正也物得其理而文生焉情
不默毋
肅之平秩叙惟昭而修之本立矣國家正而君臣篤而父子服爲
昔往至明且肅無不足以聳遠人之精神而講信修睦以浹洽於
交和
其義者即其求也其明禮備樂之務慨然振舉也情動於深而文
文字修字對出
明著中和之德矣蓋彼陰而修之數詳矣國家五行不淪四靈爲
嘗歡欣流通有休必應無不足以睇遠人之聽聞而樹威立柴望
味煥恰好
不意於其心者非所肅也是故茂正其德而尊其性先王之所以

力而不匿其文也增修其德無勤民於遠先王之所以畧外而

再提是

不覲其武也夫遠豈有裔民丗亦惟是我國家之叔伯甥舅也昔

恰是王合予意

者帝敷文德而三苗格矣王矢文德而四國洽矣三代而下曰勤

遠畧至有申之以盟誓重之以昏姻而莫必其終來者而況觀之

收應提處仍歸到國家

其哉嗚呼此先王所為招携懷遠之謨仍不外乎保國寧家之計

者也求其末之闕乎

自來所從事於遠人者包乎殆盡其以古華匯古書又餘事也

大而微豔而樸

則修文德以來之　陶爾燧

服遠人以德不必勤兵也蓋遠人之來懷德而非畏威也修德以來之耳何必勤兵哉嘗考三王之王也聲教訖於四海而要荒無梗化之人此非馭之以勤臨之以威而懷之以誠也有國家者惟懋德是求以招携懷遠可矣苟狄焉思逞豈先王耀德不觀兵之意乎夫以安和如是而遠人或有不服是內寧而有外畔也其與一旅以問罪曰六服之內皆效貢職不敢怠遑惟爾遠人負固久矣茲者王師所至有不享王誅之無赦此亦勢所必然而不知無事此也使必張我單旅無論道里遼遠山川阻深士卒疲而功難成財賦殫而力不繼

小題文行法集　下論

也即俯首聽命能保其後之無貳心服是故先王之於遠人也其義

羈縻勿絕而已不名為臣故去者不追不享其贄故叛者不討誅以

勞師遠也有所不忍耳然而海澨山陬罔不稱臣而納貢何以得此

亦曰文德修也則所以來遠人者固不求也遠人而惟求之我矣我

盡我仁而使之知所感我盡我禮以使之知所愧患綏窮荒何嘗有

要結之念而招徠不外此焉在昔苗民逆命而誕敷文德誅知所以

來之之故矣不然黷武窮兵豈能使遐聽者歸誠於服之以義而使

之無可撫撫之以信而使之無所疑息加海外何嘗恃威力之強而

懷柔不踰此焉在昔崇侯不服亦退修德教誅得所以來之之本至

不然陳師鞠旅豈能使向風慕義欤夫采薇以遣戍杕杜以勤歸

先王未嘗不慎守四封而文教不敢不亟惟有以戢其驕矜故舟車

可至之地喁喁然歸向恐後也初造而開東郊六月而興武事先王

何嘗不征討不庭而內治尤所必先惟有以動其歸懷故人力可通

之處欣欣然引領而望也若夫來之之後則又思所以安之

兵於遠哉

賈生一言而尉陀稽首受命不敢稱制南越亦自去去

之非徒駕馭早

則修文德以來之

趙琰玉岑

懷遠以德有國家者所務修也蓋文德所以定國家亦即以服遠人也惟務修焉乃以據必來之道耳且佳兵不祥觀武無烈古先王懷柔與國使無異志屬嘗以武震乎蓋攜貳之衆可以壹氣通而不可以威力聳惟盡內治以為外寧之具則聲靈感召之則所以戢柔之者為已至也遠人不服有國家者將何以哉陳師鞠旅非不足震疊乎遐荒顧冠纓嚴寅之代移明交替要不聞旁師服遠忽而張三撻之威也以是知赳桓加于殊俗何如謙與明堂悉予以鼓鐘之相應韓記候明不足以周翔乎大化故明良喜起之

○敦○伸○鋒○特○峻

○針○對○勁○兵○

○很○定○均○安○和○發○論○宗○不○安○

朝浴徽相深并不須蟄旅除殘漫然示六師之武也以是知冠裳

風雅韻孫寒

正乎域中早已求懿宮府曲徵其信義之可從夫遠人非終不來

落發詞峰論者莫當

也而柔之固自有道則惟修我文德而已豐功駿業之際一本盛

德為經綸則理得者文生焉端宸極于堂階而尊親煥于藻火致

精誠于郊廟而肅雍達于帝天國家之訓典光昭無一不根乎秩

元本墨采奮飛

敘則衣裳在廷酒醴在御莫不有以耀遠人之聽聞而要非繁文

以飾治也玉猷允塞于以彰天地之經斯亦足以大車書之會矣

鐵板對

端拱垂裳之化一本懿德為昭宣則情深者文明焉盟一心于宥

密而向慕協以雨風孚眾志于郊圻而瞻依親乎雲日朝廷之昧

則修文德以來之（論語）　趙　琰（玉岑）

奕丕顯無一不底于純熙則九土貢華四靈獻瑞莫不有以鼓遠
人之志慮而要非虛文以動衆也深宮懋勉于以識禮樂之情斯
（首六並茂）
亦足以奏膚敏之功矣紀綱立而誼美恩明德心之流貫原非以
傾動乎遐方乃體信達順之餘而享王弗至則競競焉增修于德
（魄力沉雄）
者不必號渙而言傳第衆朝宁之精心反而自責則規模挾顯懿
以俱呈而款款懷來經風示而羣情自固執物端而仁昭義立德
意之纓綿自有以式孚乎下土乃綱衆目張之下而梗化還聞則
惕惕焉懋修厥德者亦或陳詞而布令要本法宮之真意寥以相
（宏音亮即不落細響）
通則誥誡載休明而並達而煌煌宸告揭情愫而彝訓常昭要之

友鄉書塾初集　論語

德囿無人不服所以速命班師遂以文德誕敷坐致七旬之格而德又無遠弗屆所以經營底定猶以失其文德垂為四國之謨甚矣文德之當脩也既來則安所以懷遠者不更至哉

實詮文德不落影響對針勘兵發論尤得立言之旨體大思精寶光迸溢　沈歸愚師

情溢于文興會飄然天半昌黎所謂沉浸醲郁時耶　沈霞初師

則脩文　趙

則修文德　安之　顧三典

聖人言所以服遠者、使無不樂於來而已、夫既感於我之德、又望
於我之安、遠人何為而不來也、此先王所以來之也、嘗謂兵者聖
人不得已而用之、蓋可以用兵矣而猶不用、故曰不得已也均和
安如是、而遠人不服、此時為子孫謀者、得毋曰吾張我三軍而被
我甲兵以武臨之、庶莫敢不來乎、果爾吾恐遠人之勢未窮也力
（即翻起下截妙甚）
未屈也未必遂肯來也且彼度既來之後必以我為向日之不臣
者也弗推誠待我也其謂我必徼籠使也有挺而走險耳奚其來
則亦惟是修其文德焉初不必爲大度之名而曰吾買遠人於不

顧有常真稿　論語　丁卯　德光堂

顧有常真稿　論語　丁卯　德光堂

載也。國家之車書禮樂，正欲顧觀聽者之心，則為明告中外曰：吾

（來之二字題下二句根緒在首句內）

固以來之，其來矣乎，未敢必也。既來矣，繫惟是予一人之不德致

爾輸誠之稍後，而稍寬之誅，敢緩矣。蓋終惟是文德之為輯寧而

已矣。初不必為瀾達之論，而曰吾之為此，非專以為遠人也。國家

之格擕懷貳，亦罔非根本之圖，則為宣示中外曰：吾特以來之，來

之已乎，蜀貴其來也。既來之矣，倘亦不以予一人之不德，而惟好

之是求，則撫字之不再計矣。蓋終惟此文德之為撫字而已矣。是

故黷武者，聖人之所禁，而正不必黷也。若何則用我修，若何則用

我安，直以其心徹乎未來之先、既來之後，而設身以處遠人之地

亦無由以不來也且遐聽之風聲猶或殊乎身受而異日者將以先王之靈鎮撫其社稷有不介命懲後者哉抑忌戰者聖人之所危而正無煩戰也其修也并我所謂守脩者亦修其安也并我所謂藩垣者愈安有以其身示以必來之勢兼諫其所以不來之由而反覆以為遠人之計亦何畏而不來也且躬親之愷澤已幸遭乎樂郊而前日者敢冒大國之威致煩乎文告有不惶然悔罪者哉小邦懷而大邦畏非遐威武之靈要服貢而荒服王共享泰寧之福有以來之所以可樂其來也有以安之斷以永保其來也柰何遠人不服而不能來也

則拳拳服膺

吳元詒

觀大賢於所守，意甚專矣。夫人有所守而至于拳拳服膺，則其專也
豈有加哉。夫子以此狀回也，若曰：無窮者善也，而吾心居善之處正
不得與善相遞于無窮。故人或終身絢乎善之途而居焉者鮮矣。善
之難居哉，彼于所以居之之地，固未嘗有所致力焉故也。若回之擇
乎中庸，吾正樂乎其得一善也，而觀之二天人無善之難有而息越相
待之意，猶待策之于其後者，見未真也，則其不敢緩于善者，當時
恒可望而知。夫人知得之難持，而或操或舍之勢不能無所以自必
者，識未定也。回則其無所遺于得者，至今皆可次而識之，以我思之，不

其有若拳拳服膺者乎。一心之虛也，寧容然取一理焉以自為繫。夫回

○吾○謂○回○所○謂○心○知○也○

非有繫也，無物之爽，索無出入之者，以推乎內歟。一善甫擇，而其受

○劉○一○吾○句○為○

○明○字○只○形○○存○持○著○字○

以為主者，不勝其擇之也，既而引之也，所以時有繫于心目之間，亘理之

變也，又豈容處倚一得焉以自為拘。夫回非有拘也，析理之明業無

○以○○上○謂○發○故○能○守○

○剝○劇○

棄亂之者，以擇其真欲。一得所從，而其依以自附者，不待其手將持

之而纔將附之力，以求其合一之致焉，以與理不相着者，其下善也。

○只○氏○所○謂○中○庸○可○守○其○不○知○之○無○能○請○之○愚○

原不可謂之得，依約而遇之，則亦惝怳而無之時，時而間其所置于

○傳○質○○道○○心○也○　　乎○乎○得○穿○

心者，固以何為之質乎。是故回之心，神崇氣峙而賬焉，其自心得以

乘識歷之，可以自條而安，得不護其所滿，則亟與心不相蒙，其

為得也原未嘗出乎擇大際而救之則亦潤畧而存之斯[illegible]所
留乎中者寔以何為之準乎若救兩所不信豈漫為務得而自繹別
擇以後誠一一見其可珍而安得不私其所見以致其拳拳服膺一
章得則已然也不敢緩也凡有得則皆然也無所遺也而豈猶有失
之者哉
隨擇隨得隨得隨守一則守如源水汪來際頭則守詎脉欲下四
守駭肯則歡亦復氣悚神悚

則拳拳　吳

則猶可及　魯鬨　謝朝衡

大賢為齊策止兵、而鄒魯之與兵可覩矣、夫兵猶未發則止之自在齊耳、彼與魯鬨者豈非鄒之不止其兵哉、鬨之止戈為武故兵者王者不得已而用之未聞師出無名而小國亦各有鬭心也乃此方為息兵之策而彼又起構怨之端其事不相謀而可相覩已如齊之置燕君而去之也、恐不如是而天下鬨然以起則救燕之兵一發而不能止耳且鄒人與楚人戰宣王料鄒之必敗矣以一齊當天下何異鄒敵楚哉宜孟子以猶可及止之計為王謀也或者曰是舉也燮公有不能止者蓋齊以最勝之習雄視諸侯與魯同壤而世為仇讎何論其他一旦而欲使雲集響應之衆返旆言旋事亦難矣雖然當其始之不能止也曰為燕祚及其後之可以止也亦曰齊能復燕祚昔燕之先公與太公周公共立勤王之勳

聯○絡○但○有○恨○抗○兆○同○牽○合○

以錫土分疆今齊與魯保世滋大威振諸弱國而召公之裔亦從巔焉傾覆之後得復其宗祧斯亦海內人心所共服其公若班師

暗、拖、起、

振旅止乎其所不得不止又奚事敵國相爭為哉夫春秋無義戰

為○開○字○生○機○

夫子識之彼師出無名者往往憑陵殺氣聲析江河若楚師之潰

多○之○盛○響○

以多鼓鈞聲晉師之濟終夜有聲齊師之遁聞班馬之聲師之出也濟聲洶可畏矣自齊以止兵為勝美俾天下不聞有車錯轂兮

矣交墜摟玉抱兮擊鳴鼓者豈不甚幸然而鄒與魯相鬬則又有聲矣夫魯雖不及齊然猶非鄒之所能敵者昔長勺之役齊軍三鼓魯卒克之說者謂齊不能止魯之兵以即于敗而尤而效之者鄒也且鄒亦知魯爲秉禮之国未嘗以好鬬稱茍鄒有善謀即魯

挽草行在離合之間

欲興兵猶可及其未發而止之奈何不自量力而狡焉以思逞乎書之曰鄒與魯鬨明其罪之在鄒而不在魯耳要之兵以義起禁暴止乱之謂也有王者作聲罪致討鄒必不免故孟子爲齊王謀則猶可止兵而于穆公則直謂其自取云

齊燕鄒魯天然映帶絕無紐合之迹而又各還題義一驅使

近科巧搭排演集　孟子　補八

委折生姿。令讀者如遊武夷諸勝。侯司琳

則賈相若麻縷絲絮輕重同則賈相若　陳維嶽

定其賈於長短而輕重又可定賈之相若既可於布帛之長短定之則麻縷絲絮之輕重又何難因以定賈哉陳相故連類及之且凡物賈之不平也而輕重之數生於是物之不以輕重見者既難以尺寸言低昂即物之以輕重見者亦難以權衡均貿易吾恐即一端而其賈已雜矣亦轉一端而其賈愈淆是欺也是偽也是皆非許子之道也不然如布帛而不以長短為度也吾見挾布帛而求售者不以為淑姬漚麻之所績即以為仲子辟纑之所成不以為㡛氏湅絲之所留即以為宋人治絮之所作將謂其惡不相若而樸誠者或適得其賈之輕

所謂精粗不相若而變詐者或反得甚賈以重所謂平市矣賈者安在哉若以許子之道處之則必不至此其或為待賈而沽者亦不無絕長補短焉而賈則同也其或為伺賈而購者乎不無求長較短焉而賈則同也雖織紝化洽之初必辨孰輕而孰重而與其有無之際必分孰短而孰長賈之相若有斷然者然賈之相若也必於布豈未成為布者遂不相若乎賈之相若也必於帛豈未成為帛者亦不相若乎且賈之相若也必於布帛豈未成為布而久之成為布帛者遂不相若乎信如是也則宛邱游女無妨遂意於婆娑東國嫁姜不必苦心於紡織而且挾五緎五紽之資而善賈難期而且抱為袍為襦之資而操贏無眾商則登於壟矣婦則嘆於室矣賈相若者顧如此乎而許

子則又有以酌麻縷絲絮之賈矣今使入五都之市觀列肆之陳見乎未織為麻已織為縷麻與縷不同也而賈烏乎同細綿為絲粗綿為絮絲與絮[illegible]賈烏乎同然則無不同者何也曰輕也重也輕與輕同[illegible]輕重與重同則賈同其重也而謂賈之相[illegible]量於布[illegible]之長[illegible]他又烏足以盡許子之道哉況乎賈之相[illegible]人者既不止於長短同亦不止於輕重同也更推之五穀與屨而市之無[illegible]賈矣

融洽分明機流法熟其[illegible]妙究若神龍

思援弓繳而射之　張梁

弈者之所欲得乃鳥也夫援弓而射於弈何與乎而學弈者之所思乃在乎此其人心之靈莫善於思思者心之官也思則得之矣而乃有思其所不當思而遂欲得其所不可得而且以為如將得之者則何其思之妄而不可詰也如聽弈者一心以為有鴻鵠將至將至者俟其至也俟其至則果至矣何以處之人樂其至也樂其至則竟至矣何由致之乎是乎鴻鵠在天而致鴻鵠之術乎無言有弓也是可援也弓而繳也是可射也若固弓不可以處無也發焉不中不知不發譎視也而僅與之偕焉則無鳥也其存無存擬中矣而矯矰審

朝之形其與敵勝負于揪枰之上者無以異也若曰射無貴乎偉獲

□□兩□節○私○魁○□○□○□○

也蓋偉而獲非我能獲精審之而百不失一焉則是鳥也其游吾彀

率中矣而寧靜專壹之衆其與計得失于方寸之間者無以異也是

其畢之所奏餘而有若或失之者焉意者其發弓而偵也則戚然者

○好○妙○乃○兩○字○

其微而旁觀者詫其有所悔也悔夫懸數于而失策也成而有若或

□□若焉意者其應移而隨之則欣然者其色而旁觀者謂其有所

○欲○貴○親○善勇○以○約○中○貴○約○

□□矣衆數于而爭先也而于是奕秋者誨之以若何而取若何

○悠○妙○

而今而被不期偶有關焉亦居然后非之爲我導也而于是彼一人

者鴻鵠之致其無情然其不意而彼不見偶有是焉人不啻逢蒙之

為我設也吾不意學奕者之心其所思有若此耶亦一學奕者耳其于奕何如也

有所悔有所悟后羿為濱逢蒙為殺一思字誰解如此對景追取

此題乃妙闢乎入元長之手

思援弓　張

乘殷之輅（論語）　杭世駿

乘殷之輅　　丙辰　杭世駿

有以貴為貴者、法殷之制可也、夫崇質而質、則殷之輅善矣、以是為乘、不可以明為邦者之所尚乎、若曰、聖人服牛乘馬、以利天下、而王者長駕遠馭、以撫諸侯、建車旗之與改正朔、若次第焉、頒甚用合遠近為一輅、而其制絶渾、巧為本圖、夫創之不如因也、則何必盡革商政、乃稱至治哉、車稱我周、公車掌之巾車、五路掌之典路、戎路掌之車僕、其制度亦既詳而有法、頗思之、其或轂敝于藪、輪皴於縈、輈折於溪、轅覆於直、工之匆良、罔無以盡夫引重致遠之利、而如進之以金、琢之以玉、飾之以象、輓之以漆、黃而先畫、又

滿容　從周車說起

字無泄後字微言唯巧而乃不可磨　先借敷

者殿廬頌二比

何以立夫黜奢崇儉之防我於殿乃有取也殿道法地而簡肅之風尚存乎軫蓋故鸞錯黄於商頌終殊後世之增華殿制尚質而雕幾之用不及於乘輿故白馬厭於踦縮可見勝朝之貴素其辨

實頓尊威已辯句勞精不友方今蒯多敢該亟伏一卉

之也一在乎樊纓而三就五就七就九就十有再就可以殊其數

隨四反

一在乎斿旒而建常建旗建旐建赤建白建旜可以異其懸若夫三材

者二比

而巧和必以朱輪華轂飾其觀過後者易敝前車覆後車續矣而既進且不能謂之馬而退且不能謂之人一幾而工聚必以鈞轉鑽衡示其煥極盛者雖繼亦甚澤人必瘁矣而況杼不可以之行

擬正

山而徉不可以之行澤惟是前樊鵠纓豈僅田獵可用也即津之

朝聘賓戎亦必飾自古在昔之意而交旦明昔不踰越席路車見
彼姝者子之素絲良馬國有大事何煩下而求天子之車大路先
峽括乘足字當字
將豈僅藩國可封也即搖之侯甸男衛亦必執與民同利之說而
賦采菽者勇有路車乘馬錫來朝者不必鉤膺鏤錫眾建諸侯畢
敢越而議盛朝之軌其前此則（再觀）虞之鸞夏之鉤可等諸不度之器
而數之幾久且利者樸屬微至即使借之於人而輒不可以鍥其
後此則殘缺弁飾欲修要祗為得半之道而數之不得其力者安
驊徐行即使析之為炊而薪不覺其勞邦號五遷而跋履山川踰
受安誤色販字乘字分外粘采仙分錯無彔商跪不可
越險阻是輅也是大河耿亳諸都所遷從而遺者也遵道遵路商

　論語下五　乘殷之輅

先王車轍馬跡將必可復焉祀歷六百而以德為車以樂為御是輅也是伊摯巫說諸臣所擬定而頒者也有典有則今天下循塗守轍其殆庶幾乎

昭註洗刷等等精確而章法亦本成弘斯知輓我馳驅乃不為泛駕之馬殷會修

用典如淘沙揀金鎔入題身只無縫織成此為良冶　鄒曉嵐

秋陽　　貫珠集　王藻

為求似者舉所共覩更卽秋陽以論聖焉夫論聖而及秋陽非卽以秋陽喻聖也繼江漢而遞及之不亦衆見者乎若謂天下惟似是而非者為無待耳至於日新之德有不覺光輝之自生者焉蓋物可以奪其似聖不能淆於似觀於他物莫能勝其燥烈而知盛德之光煊然者若與相逼有令人仰觀而自悟者已欲覩聖人之德以江漢似已猶未也則試卽麗乎天者以觀聖卽麗乎天者當燥烈之時以觀聖事不徵諸共覩之象昧昧者猶難遽明聖人固天地之所為經緯也勞乎坎亦見乎離知意量之所成者遠理不求諸至顯之端瑣瑣者無難瞭

察聖人固古今所為昭明也難為水亦有如日知性體之所託者高此其說匪江漢所能盡也而不見夫秋陽乎大凡物之漬而未化也漬之者先亦微曖而難明如是而恃夫氣之充周入焉而輒化否則漸漬之餘久而彌闇尤與物以自容之地者矣有秋陽發其光不俟夫氣之既衰正值夫氣之甚盛爍萬物者莫熯乎陽而得之於秋此積漸之事宜不必聖人而與於斯者也然而著明之理亘古為昭矣大凡物之翳而自蒙也翳之者初僅潛伏於無形如是而資夫質之高朗就焉而有融否則障翳之來滌而難盡先予物以可乘之隙者矣有秋陽為之體不以加質之上正以助質之堅言道德者有取乎秋而發之於陽此盛大之業非聖人其孰能與於斯者也然而赫咺之盛昭

然在目矣氣有舒亦有斂秋之德在金而當陽以涖則溫仁之至而肅則義之盡天之有事於秋陽也造化之機緘原可驗之吾人性情之際時有溼亦有燥陽之精為日而乘秋以行純則合其德而久則貞其明人之皆仰此秋陽也聖人之心體無一不參諸天地化育之神其暴之也猶之江漢之濯也而謂可尚乎哉

禹吾無間然矣

方苞

聖人之德之純，聖人所深與也。蓋惟德之純，而後使人無間焉，此夫子所以有意于禹之為人也。且道之在人，本無可間，故聖人之盡道而無斷者，必求詳而後其全體始出焉，吾以得于禹矣。蓋自治者必于其間而治之，精神有怠而罅隙生焉，謹持于此，然後行于心者不息，而被于事者有當。觀人者亦必于其間而觀之，毫釐不失，而權衡得焉。第舉大凡，則疏于自治者有遁情，而密于自治者有遺美，至于禹，則吾無間然矣。繼承二帝之傳，其成德大業有更絕而難為繼者，尚論者于此，非特深苛之論，即懷艱量也，思而惡能滿志也，以觀于

直攝間字，却是從論贊語下。

破股。

題禹身上說入。何人詠刻此處。

謂扶摘奢微也。此復切吾字發夫子求間說入。

他文謂禹之行不能無間，反說來，奪其易見扶辭。

〇溽　〇原〇枕〇禹〇本〇紀〇贊〇　〇姊〇句〇文〇稅〇

禹則其道相師其德與功俱為始終而不見係替之迹殆惟精惟一

之有以預絕其蔽欿之底平成之績則任重慮深有未暇及乎其餘

者尚論者于此雖懷震驚之心亦疑實假之見而未敢條責也以觀、

〇書〇滿〇云〇字〇

于禹則其德愈遠其心與事並以兢業而絕無瀾零之端殆不矜不

〇原〇批〇貢〇文〇宗〇准〇道〇是〇

伐之有以盡弭其欿欿道之體無在而弗充有斯須之離即不能滿

〇是〇物〇者〇本〇如〇此〇

道之量而于道有間矣乃覺禹于道之在物者任其所值而不遺舉

〇禹〇無〇間〇　〇是〇吾〇無〇間〇

道之量至禹而無憾而論道者之心亦至禹而無憾也心之體無時

〇而〇枕〇欲〇心〇有〇二〇三〇便〇不〇能〇在〇上〇得〇其〇理〇

而可息有出入之候則無以盡事之理而此心有間矣乃覺禹于心

之體事者一以致之而無二舉心之德至禹而無歉而觀禹之德者

亦自覺其心之無歉也。啟周繼起而世乃傳有教敷之政，于此見其（原批用董子語妙合）道之無窮。天地為官而常獨以其不息為功，于此識其心之獨寤。故夫聖人之德之純者，不厭于尚論者之求詳也。即求探本，不如直自其本體勘。更入更細，乃是以聖人而求聖人之間。一切膚受，同盲人之摸象矣。如此，切莫卻句句立在下三句之顛。熊鍾陵作中幅，乃轉有犯冥處。惟後二股云：闡續配天禹已久釋其憂患，而要之積一身之業，蓋卒世之愆有餘；積終身之業，蓋一念之愆不足也。元圭反命，禹已感著其功名，而要之君父之責，可以一日之平成謝；萬世之責，不可以一日之平成謝也。此

處極開拓却都在題前

爲吾樂　方

信近於義言可復也恭近於禮遠恥辱也　名二十　焦有森

以義禮慎信恭之始得易之无悔矣夫信恭本无悔悔於言不可復恥辱難違耳以言義禮慎厥始不已得乎易之无悔哉昔者聖人作易以方外者明義即以嘉會者合禮未有信不能發志恭不是存位者也顧或訓辭之際不知所終而修辭之誠無由立度數之繁不知所制而和行之履有未嫻毋惑乎有言不信无妄而行有眚也亦既履且危鳴謙之志未得矣開當讀易見夫終則有始信所以孚改命也會而益光恭所以言盛德也且夫中孚之信必利於貞貞者義之守夫正也小過之恭必戒其亢亢者禮之失大

中也自非井以辨義謙以制禮安見需之終吉於有言困之幸兌
於召辱哉行險不失者莫如信在道有孚何至於言難自復所患
者輿牛之掣情有終睽翰音之登理無可久則雖欲牽復而無從
矣古之人盈缶終來而中孚之信至誠直格夫豚魚其言之必復
何如也夫喪貝尚期其得何況於言有袽亦戒乎繻何況於信是
不可不近於義義有利而無害信近而利物即以和義由是義近
於行而信之無不利者取諸壯而過涉不虞滅頂矣義近於止而
信之無交害者取諸艮而極隨不處咸腓矣但使非義之于始必
戒於履霜也斯大信不約終亦不愊於過雨所以出門有功義之

漯

滙海集　芮曾麟

治水莫先於西北疏與瀹難緩矣夫西北之水河為大濟與漯又助河為患者也疏之瀹之治水殆先於是乎且昔禹之世西北之受水患也最先即西北之治水患也宜亟而強者必分之使弱亦塞者必濬之使通何則急湍多旁溢之憂紊其條而勢將難據順軌原下流之性過其怒而意且難平理其緒而別之因其便而導之大聖人勞心經始所以尊帝都通貢道者迄今過冀兖之野猶可歷歷數之試由益之掌火而進念夫禹禹之治水首惟冀州夫冀州三面距河者也溯河自龍門積石而來高水湍悍渾渾洶洶自冀而東折於豫自豫而北折於兖兖則

河與濟合濟之入河也與漯合向使河不治則交挾其怒誠不知奔騰放逸於何止矣禹若曰欲治水必先治河河不可以合治也析之為九是非疏焉不為功雖然河治矣其與河相比附可以截河之衝而同為西北之水患者不又有濟與漯乎濟之為水也視河臨河可疏濟不必疏也漯之為水也視濟又臨濟且不必疏漯更無所為疏也第濟出王屋居河之上流既易與河兼并漯之發武陽抵千乘者且自濟以交於河濟漯不治河仍不治也故其功利用瀹登碣石而緬崑崙其水之浩瀚無涯者至大陸而愈難停蓄使不辨其區而通其道恐恒衛灉沮之支派附和以助其狂瀾故瀹之不能先疏者理也且以播為九河言之禹固急所先務耳脈絡脊使之貫通地之可棄者則棄

條理須防其淆亂性之難平者悉平況泲溢滎波濟原並道渠分大伾漯與偕來向非寬以蓄之河安能如斯翕受也此隨刋所以稱既道也夫導孟豬而澤雷夏其水之顯伏不定者出陶邱而漸即奔騰使不去其阻而順其行恐孟津洛汭之郊圻鬱極以成其洶怒故疏之不能與瀹者勢也且即浮于濟漯言之禹非置爲緩圖耳循故道以安其舊意之激烈者使馴則支流以暢其機力之勁疾者使緩況出入有定候治水可順河流帖服在上游高唐不虞河潰向非利以導之濟漯詎如斯安息也此貢賦所以能兼達也夫而注之海禹之勞心於西北者如此

禹疏九河　而民人育

紅約館集　洪調緯

水害平而地利興帝臣之事可述焉夫水不治則中國何由得食稼不教則民人何由能育乎禹稷之勞心固皆以為民耳且洪荒之世民享神農之利而氾濫以來固罔獲乎可耕之地亦幾無知耕之民矣不亟祛其害民將終受其害不亟興其利民將莫享其利古聖人起而為之本由溺由飢之懷著拯溺救飢之效其功之昭乎萬世者則皆大人之事也如禹稷是已今夫禹固欲食民而職在祛水之害稷固欲育民而職在興地之利者也承命而拜司空水土待平何時可謝其責備使導川不亟寰區何以厚生夫帝也恫瘝是念憂勤已歷九年臣也室家可

忘胼胝常乘四載蓋其勢有難緩者矣名官而稱后稷下民待
養何日可竟其功能使粒食未奏黎民難免阻飢夫稷也與益
同讃而疇咨則播種獨先稷也與禹並稱而考績則艱鮮共奏
蓋其功有獨隆者矣夫水之為中國害也北有九河濟漯之背
海而馳南有汝漢淮泗之助江為虐而何由得食乎禹疏瀹決
排之蓋八年于外三過不入而始成其功則意即欲耕而耕亦
不得焉而食之為民人利也因天時而稼穡審其期相地宜則
五[illegible]殊其種而何患不育乎稷教而樹藝之蓋教非一日熟已
頻[illegible]而始奏其績則職似近耕而並耕亦不事焉而吾因有感
矣堯深其咨之儆而深宮高拱不聞或莅於田閭舜習歷山之
勤而黼座登庸不聞重親夫耒耜說者謂二帝第督其成效而

有以屬之禹稷也乃隨刊可鑿而農事之書不傳來牟可貽而種植之經闕載是豈成其功者不留其迹乎而吾于千載下猶俯仰思之謂禹與勤農之意何以塗山弗子溝洫轉以任其勞謂稷與重穡之心何以有邰承家子孫猶必傳其事論者疑史臣多略夫微事而未嘗詳於禹稷也乃夏諺尚思遊豫不聞親耕斂於春秋周詩載頌生民不聞荷耰鋤于原野是豈成其功者自愛其力乎而吾於兩聖人每躊躇審之蓋禹稷非不耕也夫固有所不暇也

鉤連處見法貫串處見巧一氣渾脫非深於古者不能

禹疏九河

譽雋集　莊世驥

分河為九而河不足治矣。蓋北條之水河為大，疏之以九，則勢分矣。禹之始事於河者以此，收功於河者亦以此。且善治水者不過於水之分者使之合，水之合者使之分而已。分者不合，則支流之水無所歸，正流之水無所滙，而水亦不治；合者不分，則上流之水無所遏，下流之水無所容，而水亦不治。吾於是益穆然於禹德之遠也。夫禹之治水自河始，而禹之治河自兗始。河之發源自星宿，踰崑崙而縁積石，經數千里而遙，而後北折以入中夏。夫源既遠者勢自迅，不先迅者以治之，則不特雍、豫二州窄而魚鼈，即京師亦多震蟄之憂。河之入兗自大伾挾渭洛而合汾洚滙千百谷之流而後東折以入兗境夫受之多者潰自易不先潰者以治之則不特冀兗二州居雜蛇龍即青徐亦有襄陵之患矣然而禹乃有疏之之一法西北之地多山東南之地多水兗則據天下之東北其勢平坦既無太行王屋諸山為之障其水淺隘又無洞庭彭蠡諸澤為之容故潰溢也恆急禹則善治水者不與水爭地也多為之委以殺其流分為之支以宣其氣而後一州可受三州之水焉平原可受眾山之水焉一河可受眾河之水焉正不必拘禹貢尊帝都之文而謂治河之始在壺口塞外之河地曠足以容雍冀之河山多口以過兗則受西北之眾流其境當河之曲曲則有所逆而易騰其衝當河之平平則與所制而易縱故疏治也恆難禹則謂善治河者專

欲以力勝也八支流分播於外一徑流順道於中而後由徒駭以南焉由鬲津以北焉由碣石以左焉又不必泥禹貢序次第之筆而謂治河之始自龍門大抵其幹方强者必强其枝以殺之枝既强幹自弱焉疏之者不外是也故即春夏多滿而桃花之漲自平秋冬易涸而瓠子之宮永靖抑其勢方盛者必多其敵以勝之敵既多勢自衰焉疏之法在是也故中虛則能受而興洪波者四百餘載下寬則能納而慶安瀾者千億萬年曰瀹曰決曰排皆疏之之法也而不治矣而禹勞矣

近計肅草籌南論又似陳和叔導河書

禹疏九河　注之江　　精粹集　錢廷薰

稽夏王治水之功、各循其性以導之也、夫北條之水、莫大於河、南條之水、莫大於江、而皆注於海、非疏瀹決排不為功、且自洪水為患天下望治久矣然第言治水而不究水之所由治則水不治知水之當治而不急其所先治則水亦不治且水之既治而助水為虐者有不治則水終不治故有專治之而水之大者以順有兼治之而水之小者以從有分治之合治之而水之强者弱者以貫吾乃穆然於禹矣今夫智莫大乎順水性故五臣之佐禹號以神功莫大乎奠民居故三代之君夏稱以后堯憂天下而分之舜舜分之禹而聖人之心勞矣嘗致天下水患有

二南條北條是已其北以河為大濟則出入於河漯則屬於河
又分屬於濟漯與濟恒相併併則相侵侵則相害而河受其
衝此其大患也其南以江為大漢次之淮次之汝泗又次之故
江漢並稱淮統汝泗汝與泗其流合則助淮為逆矣漢與江以
勢敵則各相為難矣此又一患也崑崙之墟千里而下其衝突
之狀疾如箭機祭川者所以先河也使非折其橫行之氣而導
之使通平其怒張之情而分之使殺則王屋之濟武陽之漯皆
得萃其勢以逞奔放之能禹若曰嘅有治之法在河繫以九吾
懼其綿亘易淸也利用疏漯輔乎濟吾懼其伏逆不行也利用
瀹故治河以治濟漯疏則無分爭之患瀹則有濬發之機由是
導河始於積石而濟經大野漯至千乘浩浩乎莫不歸墟焉而

冀兖豫之水患平矣天塹之險百谷所歸其茹納之宏環如襟帶朝宗者必先稱江也苟其三江未入羣山何以會匯九江未殷萬派何由挹注則大而淮漢小而汝泗皆各挾其勢以騰澎湃之形禹若曰又有治之法在汝漢之廣吾慮其盈而不流也利用決淮泗之會吾慮其併而為虐也利用排故治江以治汝漢淮泗決則無壅遏之象排則有宣洩之方由是導江始於岷山而汝泗入淮淮會江漢以入海汩汩乎靡不委輸焉而荊徐揚之水患平矣中國可得而食豈並耕之力哉

確鑿言之其氣局之宏敞不同詹詹小言

禹疏九河　注之江　滙海集　顧有樑

水者以海爲歸功有遞施者焉夫無濟漯治則水可海矣
汝漢淮泗治則注江亦歸注海矣疏瀹決排禹功偉哉當論水之
大勢爲衆流所歸者海也而爲入海之門戶者江也有善審水勢
大人出焉盛者強其支阻者導其流而西北之水治急者弗使
緩隤者弗使約而東南之水治因勢利導之餘取道甚便用心甚
勞矣試由益之掌火而更觀禹之治水火與水有爲配之義水能
尅火而火難制水故作虞之外必更命夫司空水與火得既濟之
形火方乘令而水漸無權故一炬之餘得隨山而刊木勢莫盛於
河河源自天上來所受千七百渠斯其威益壯河流分兩道出爲

至三千餘里斯其氣尤張欲其注於海也利用疏最北起於徒駭一經流之通貫無難極南歸於高津八支流之依歸自得也則强其支者是已勢莫阻於濟漯濟漯因濟於河而得名發源王屋性急善行漯乃河與濟之別流畜於高唐性柔善附欲其同河注海也利用瀹一潴則濟為滎澤再潴則濟為菏澤而何慮奔騰通濟之漯於濟陰通河之漯於武陽而豈虞横肆也則導其流者是已若夫出天息遝蔡頳以合淮者為汝源嶓冢周三澨以合江者為漢汝與漢近使過之而西汝將上併於漢而為患滋深乃誦詩至江漢汝墳條枚條肄遵彼興懷秣馬秣駒泳思託賦蓋自禹決之汝漢亦注江而歸海也所謂勢急弗使緩爾至於自桐柏會泗沂以入海者為淮由陪尾歷下佐以入淮者為泗淮與泗通使限之而

北泗將下奪乎淮而其流益橫乃讀書至浮於淮泗浮磬孤桐輸琛甸服蠙珠纖縞納貢王庭蓋自禹排之淮泗亦注江而入海也所謂勢廣弗使約爾然則海為會極而必始於河何也河經底柱以東山多險阻而濟漯實助河以肆其威至近河之水治而後入江之水可圖矣故由疏而瀹由決而排第使攬其大綱而前可釋讀禹貢之疑後可參注水經之說然則海彙眾流而猶注於江何也漢與大江相派派已合流而汝泗更併淮以張其勢至導水入復可由江以達海矣故決先乎排疏先乎瀹雖欲別圖上策而謀隄防者既形淺陋謀開墾者亦病粗疏甚矣禹之用心勞也

禹稷躬稼而有天下

敷文羅　枚

觀二聖之有天下而見天心之不爽焉夫禹稷躬稼之時未嘗計及天下也而卒以有之天之報聖人何如哉且古帝王握符登紀疏佗循蜚淳淳悶悶尚已中古以降凡天心所眷佑必準人事以為衡而或于其身或于其子孫夫固有可操券而得者羿奡之時力欲以有天下也夫天下豈可以力爭哉蓋嘗觀于禹稷而知天之所啟非偶然矣石紐徵誕降之靈而盡力溝洫禹以一人開地利有天命者自為之重華知之禹未必計之也履武肇敏歆之異而播時百穀稷以一身任農師吾家世當有興者亶父見之稷未

必料之也乃夏后當日田分三等地畫九州終至洪範錫疇元圭奠績亦越我周后稷稽事開基十五王而克平十八王而克安迄今讀生民者見其業歌思文者頌其功之二聖者雖受命有遲速歷年有短長皆以躬稼而有天下夫豈其始願所及哉禹為崇伯之後則藩衛王室奚敢有非分之干況黃熊抱痛以來脩已長宗已儕黎庶即幸而司空備位亦不過胼手胝足全羽淵未竟之功乃不意白馬厠四凶之列而白狐呈九尾之祥也小櫟泥檋過門者八年大貝珠璣執玉者萬國食報孔隆矣且吾觀綠錯赤文明言禪禹乃乙亥尚為陽城之避而丙子始屬建元之期則禹嘗躬

稼之時其無意天下亦更可知也迨至青龍見瑞祝融降神而有屈力養人者自有嘉祥之丕應固不待鐘石笙竽之徽持衡而笑也則彼蒼之眷顧何如哉稷為帝嚳之子即系屬天潢豈嘗有大寶之覬況自平林誕寘以後元妃哲嗣幾棄郊原即幸而后稷命官亦惟以全足沾體播宇內艱食之種乃不意當時鳥覆寒冰而異日烏流王屋也五穀育民黃茂盡有種之道三十卜世白魚昭應命之休得天何厚乎且吾觀輕呂太白燮伐大商而卻之封也在甲子之年至周之王也亦甲子之日則稷當躬稼之後其應得天下若有成數焉迨至廟稱太祖郊以配天而知教稼明農者自

獲馨香之奉食不得謂一手一足之烈大意難憑也則造物之報施豈偶哉觀于禹稷不可見聖人獲報之明驗歟

與會標舉瘦硬通神原評

禹稷　羅

卑宮室而盡力乎溝洫　一歲作　　沈榮河

夏王不好土功，其在民者又未嘗不盡力也。夫宮室與溝洫，皆土功也，一以為身，一以為天下。卑於己者，又何嘗不盡力於民哉。嘗讀詩綿之篇曰迺疆迺理，迺宣迺畝，其後即言皐門應門，則後世聖人徒宮室與溝洫皆治也。先勤民而後奉己，斯已難矣。褒乎則實但如是，彼其飲食衣服之間，既豐儉各適其宜矣，而皇居取諸大壯，君門號曰九重，土木之功，亦王者經費之至大也。元圭既錫，四方所貢，無非杞梓栝柏之材，而且良金來於江漢，美玉致自崑崙，即瑤臺璿室，亦非爾時物力所報，而當日之宮室，上棟下宇而

讀近墨選文　論語

已矣且不聞其上篪下纂乃寢好樂爲無寸陰之惜而土階茅茨（是不矜不伐身分）猶謂我德無以堪之耳迨水既平含生之類俱得奠土而居之樂（造語更奇）由是合九野而盡象於衆賢鬻方而歲出於窟即丹楹刻桷度木公祖報之遺而書已之宮室風雨攸除而已矣國不聞其羨號焉（文情宕逸）草攸躋攸寧以卜歷年之永而穴居野處直謂此風未遠人間耳雖然儉於己者乃其勤於民者也無土功之興者乃其有田功之（氣大意古今利弊懸老學不能道隻字）開者也後世之財賦重於東南者以溝洫之制不存故也中原已為陸海則水利不興而賦歸澤國夏禹早知其然而盡力正以通三壤成賦之平後世之水患盛於黃淮者亦溝洫之跡已泯故也

待其人而後行　兩節　　徐廷槐

歸道于至德之人，其責有專屬矣，夫必有至德者而後道可行也，苟非其人，將安能乎此，所以必有待耳，嘗試觀於道其大小之際，充滿洋溢如此，至哉道乎，固無一息不行于天地矣，雖然其道固在也，其人實難耳，六合之外，六合之內，欲求一息有而未能，千古以上，千古以下，思得所依歸而何托焉，道之有賴于人也久矣，凡事之來，莫不有其極，雖材技之末，而嘗若懸以相寄，其人固急相須也，凡名之歸，要必推其本，長纈領望之般，而不然灑以相加其人，固自有真心，茲觀然者亦復何累而哉，孰爲開

（高明博厚入其叙動心）（大言炎炎）

繩繩相與繼衍而不壞在造物之蘊積且[illegible]發而要[illegible]以[illegible]
致力之處則聽其所自為至其人一出而此亦莫敢枝梧焉亦以
知此事之不偶耳凡屬有心者何甘自棄而或求合而轉離見全
而待半統〻常〻此其統緒亦何窮縱時勢之遷流以相激而成
而究其所以致力之處曾不容以自怨使非其人也即不能稍有
纖備焉亦以知其功之非倖耳是故道為虛位德有定分道散而
德有以統之道虛而德有以寔之其相情而長者但于德有分寸
博之之之難其流細
之功即于道有分寸之獲其相積而成者誠于德無毫髮之負乃
於道無毫髮之遺德不至而道凝未之或有此行道之責所以必

有待乎。夫使人不行道。道〻固未嘗一息不行於天地。然百千為群。

而德道之大者小者。適滿而無所屬。將所貴于人者安在乎。脩而

凝之〻是在君子矣。

溫醇清懿之氣。抉然于筆墨之外。劉延譽

高懷遠韻。使人撓挑無極。于題分趣情乃適稱之。此何等事而

以小儒眴次見之。行墨是以服吾笠山之卓絕耶。汪師退

挾吞千仞。罔濯足萬里流。尋行數墨。諸君對此直無能為役邊

頤公

後世子孫　　者矣

決與王於子孫為善之報遠矣夫最難必者子孫之王也然太王之後世既然則亦未有不然者不可以知為善之報哉孟子曰夫人當險難之来孰暇計其子若孫者乎然及身之不保或我後之克昌此亦永念所存未敢遽期耳抑知理有必至事有固然前之人有可據以為斷者勿謂我躬不閱而憂危難解也苟為善則懿德之脩或難免於目前之禍然幽光不掩而受命孔固幾見質成來會之休不推原於走馬荒山之日且芳徽之報雖無救於一時之急然多難興邦而殷憂啟聖當其率滸蒙塵之會已陰定夫作豐遷鎬之符後世子

題○情○脫○切

孫必有王者矣王者為上帝之眷顧大邦畏而小邦懷孰敢有後焉
思退其威者寡之不恭也太王之子孫赫怒而畏之當三分有二之
秋還念先人之來朝胥宇不愀然痛乎然迄今誦瓜瓞之章其終美
於豳生者必追求於寬父明以見陵阿泉池之盡一當永沮徂復之
交固已默操其券者而文子文孫不得遏佚其光也王者為下民之
君師命有德而討有罪孰敢有一人衡行於天下者紂之無道也太
王之子孫渡河而剪之當八百来同之時追維乃祖之去邠踰梁不
悪然愧乎然迄今讀武成之篇其托附於承志者必嘉美於肇基明
以見華山桃林之大定當建邦啟土之先固已預兆其慶者而十世

百世皆當敬揚其休也叅終古無理外之氣數子孫之賢聖不可必賢聖而王者更不可必而為善降祥雖遲速有時而理無不報此其（義足詞圓）常也審其常而善通其變則當事勢窮蹙之交而上準古人下計来許或可稍釋其憤發無聊之意從来亦無倖致之締造王者之肇興不可必肇與而屬吾子孫更不可必而善氣導迎不及於其身必及於其後又其宜也守其宜而能達其權則當輾轉流離之際而前事可師後昆可念尤得微伸其慷慨自立之懷公亦可以曠然而興矣

英華發而膏澤流真文中之鳴鳳也　原評

後世必為子孫憂

許開基

慮及於子孫、而與謀之情見矣、夫季氏亦何暇為子孫謀耶、乃冉

○發○端○擧○扯○先○

有則以為有必然之憂者、亦欲自解其責耳、若曰昔者先王之佑

○王○善○為○說○辭○

啟後人也、貽厥孫謀以燕翼子、曷嘗不深謀而慮遠哉、蓋天下事

變先發而可以制人、後發而即為人制、思患豫防之道、在先王亦

必諒其苦憂者也、今以周且近之顓臾、而不取大夫繼愛顓臾獨

○設○色○典○麗○

不愛子孫耶、子孫賢能守吾業、子孫不賢必有起而收吾燼者維

彼顓臾終將虎視吾子孫、而玩諸股掌之上、子孫才克繼吾志、子

○對○屬○工○練○

孫不才必有進而乘吾敝者、維我子孫勢將蠶食於顓臾而難免

許勍宗稿　論語　德[illegible]堂

嗟爾之處十年生聚十年教訓顓臾之子孫且有寖熾寖昌之象

對面一觀

而吾能處此十能保其不見闔蛟顓臾猶存憂未欲也祿歸於我

敢逮於我季氏之子孫寧無十世五世之失而顓臾實倔處此能

必其不侵軼耶後雖欲之弗可食已—毋曰彼在邦域之中可恃無

善于

恐也使彼越在他國我子孫以逸敵勞以主勝客何憂正惟錯壤

不但為季

並居久已知人虛實一旦朝發夕至子孫不及為保禦之謀深恐

邦域之必動搖耳—毋曰彼為社稷之臣可信無虞也使彼負固不

人難何患無辭

服我子孫懲於外患勤於內修何憂正惟謗訕恭敬令人莫測淺

深一旦包藏禍心子孫尚未知猜嫌之釁大懼社稷之不血食耳—

畢列證據其言信而有徵所謂必為之辭

夫璧馬可捐虞且見欺於晉鞭箠可使越實首禍於吳寇不可玩圖之此為時矣箕裘弗替當思覆轍之難尋祁君焉取餘鄧氏之

七襄雲錦組織

天然

甥可畏觀以寵偪桓莊之族何辜敵不可縱及吾猶可以戰也堂構相傳宜念前鑒之不遠制治莫如豫備遲至後世而彼也日鬬我也日蹙吾子孫尚有請謁彼曷肯如蒲亦嫱而依然降心以相

對工

鍊進一層更覺精[illegible]快

從去惡莫如盡縱令滅顓臾而一旅可興一成可復吾子孫尚多後患況任其留一隙國而隱然伺閒以竊發非我擊彼即彼乘我

精深

已處於必不兩立之勢而寧我薄人毋人薄我是以有先聲奪人之心不然而自貽伊戚吾子孫將覆亡之不暇其能與顓臾爭乎

大夫綴家穎叟獨不愛子孫耶胡為而不取之

左氏傳絡繹奔赴而能出以研鍊憂字實得十分悚動不類尋

常搦管文人邪可無筆　周報之先生

居然老成深識之語如子房借箸景略捫蝨左顧右盼奕〻逼

人　張循儒

風韻遒上神鋒標映王威明故是俊人　沈理江

披華啟秀潑墨皆花　邵仲璵

後世必

後世必為子孫憂

江西翁宗師歲試 諶之陳

九江府學一名

慮及於子孫而與謀之情見矣夫季氏亦何暇為子孫謀耶乃冉有則以為有必然之憂者亦欲自觧其責耳若曰昔者先王之治

原評發端[illegible]

社希王蘊為流辯

歎後人也詒厥孫謀以燕翼子曷嘗不深謀而慮遠哉蓋天下事變先發而可以制人後發而即為人制思患豫防之道在先王亦必諒其苦衷者也今以固且近之顓臾而不取大夫繼愛顓臾獨不愛子孫耶子孫賢能守吾業子孫不賢必有起而攻吾墻者維彼顓臾終將虎視吾子孫而玩諸股掌之上子孫才克繼吾志子孫不才必有進而乘吾敝者維我子孫勢將蠶食於顓臾而難免

噬臍之虞二十年生聚十年教訓顓臾之子孫且有浸熾浸昌之象（對面說）而吾雖處此上能保其不見圖與顓臾猶在憂未歇也一旦歸於我（此論皆從其巧言上畏為妙吉）政遠於我季氏之子孫寧無十世五世之失而顓臾實偪處此能必其不侵軼耶後雖悔之弗可食已一毋曰彼在邦域之中可恃無恐也使彼越在他國我子孫以逸徼勞以主勝客夫亦何憂正惟（不但）錯壞並居久已知人虛實一旦朝發夕至子孫不及為備禦之謀（為季氏謀更說得正大）深恐邦域之必動搖耳一毋曰彼為社稷之臣可信無虞也使彼負固不服我子孫懲於外患勤於內脩尚可無憂正惟謬託恭徽命人莫測淺深一旦包藏禍心子孫尚未知猜嫌之釁大懼社稷之

亦傾覆耳夫瑩馬可捐虞且見欺於晉鞭箠可使越實首禍於吳
冠不可玩圖之此為時矣箕裘弗替當思覆轍之難尋抑君焉耶
信五手
餘鄭氏之甥可畏觀以寵偪桓莊之族何辜敵不可縱及吾猶可
以戰也堂構相傳宜念前鑒之不遠制治莫如豫偷逞至後世而
彼也日啓我也日處吾子孫苟有請謁彼曷肯如舊昏媾而依然
鬱進一層說得倍緊
降心以相從去惡莫如盡縱今滅顓臾而一旅可興一成可復吾
子孫未即無虞況任其留一敵國而隱然伺間以竊發非我乘彼
即彼乘我已處於必不兩立之勢而寧我薄人毋人薄我是以有
先聲奪人之心不然而自貽伊戚吾子孫將覆亡之不暇其能與

與爭乎○言言危悚居然深識遠謀○口角逼肖○謝華啟秀○與左為化○絕無堆垛之迹○此事故須讓有筆人○

殷人以栢

李宗師歲入古田　卓文泗
案第一名

稽殷社之所樹有獨宜于栢者焉夫殷與夏異其朝栢與松異其宜稽殷社之所樹豈同乎以松之夏社哉且征諸可以易禪讓之局而立社不能變前代之宜歟甫邑規模不几棄弱而不振也哉抑知定九鼎于亳都声灵赫若而登壇壝以拜植者不限鬱閉嘗過殷土芒芒而崇樓牙蘖之形有令人深遐思之思者勿謂亳鴯一朝分後追遡也夏后氏以松固已令夫繼夏氏而有天下者非殷人乎哉芒芒者謂之合其氣運盡反乎前朝邑元鳥既降而生商而樹植无煩乎也制則觀此郊壇不謂正九有而肇附厥域者纘舊服而莫高建樹豈異崇建之初其制度盡易乎勝國寧隆監既遠乎有眾而社木不加乎振作則

桐柏桑林不得謂歷五迁而不建乃家其國有夏而絶少栽培盖殷亦有社
殷之社也殆以栢云栢之為物也利與州而武王正域实都亳豫之間不凡于
度其性乎乃殷之所奉以為樹者唯此也伐三朡而典宝既夷安邑之封升方
社以明虔復採景山之木則殷之吴乎夏其並栢之吴乎松也夫楩楠杞梓
豈不足与栢争勝而必取一栢以潤色亳豫之區雖世遠人湮无從考索而
恭回思当年樹栢之日儼若有撓伐之威也已栢之為樹也近擁墓而冢
土報功实列神明之塋不慮乎失其宜乎乃殷之所樹以為尊者亦唯此也
逐狒昆吾之前既誓師以明勘乱之才氏毛順命之後復祀神以植堅
之節則夏之変為殷其並松之変為栢也夫蕭蘺甘棠豈不足与栢並

而必擇一栢以為神明之奉。豈事過境遷。無由追究。而遂想昔時樹栢之旨。既若有栗肅之風也已矣。則謂樹栢之義同於樹松乎。而非也。商先王創制顯序。原不欲蹈常而襲故。夫是以變易前規。有必擇歲寒不彫之質。著明以揭尚質之忱。越于今霜皮其剝蝕矣。而神遊故墟。知栢之味有香。亦知栢之殊。坨沱也。抑將謂樹栢之旨異于樹松乎。而非也。商先后登明出治。原未嘗見異而思遷。而特以時會頓殊。有必採近蕨一兩之木者。實以立尊神之訓。迄乎今黛色其彫零矣。而目覩耿亳。竟栢之與陽為背。竟栢之與鬼為廷。嗟乎。經伐。始剝迥殊揖讓之風。而亳社垂蔭。又鞏苞桑之固。奈何越數百年而猶若十月廿又特為栗之赤耶。

殷人以栢　卓

〇〇〇食夫稻

江南高學院科考取邵士奇本姓張
入青浦縣學七名

于不當食者而食焉恐難為臨喪者言也夫親喪未久寧忍謀食而奈何其遽以稻也君子曰惜哉其不得起吾親而食之也聞諸喪禮三日食粥既葬疏食夫非有所矯也良以思親之念迫于中雖一口腹之供亦兢兢乎有所必嚴也安有置此不講而親喪未久竟爾口腹是謀者乎如子為朞之說是矣夫期年之內天道稍變人事亦更而吾之于父母此哀則耿耿如一日也是以古之人雞黍之遺親存者一啓口而不忘父母追父母既沒思其所嗜尤必求仁者之粟以祀之亦以吾既不得致孝養之心庶幾于飲食間如見吾父母也豈

應前占先妙在緊切食字不泛說開去

本朝直省考卷篋中集　論　第

其練而禫者尚遠也虞而祔者未久也竟易饘粥之食而芬芳雜陳于前有所謂稻也耶嘗思孝子之行役也不能旋[illegible]不能蓺稻粱往往著為詩歌以發其感以為誰非人子而吾獨菽水之不供尚烹之不繼置孝養于莫可告也況今者親喪伊邇雖有膏粱吾親勿御雖有稗鑿吾親勿嘗感霜露之忽零痛蓼莪之罔報嗟予鮮民煢煢在疚何以食為雖然吾試究子期可已矣之說于不宜食稻之日而設一食稻之想凡以生人有常奉食其是也然亦問居喪之食何食也計所食于三年之後為時甚長計所食于三年之中為時甚短獨何為以有限之居諸而且迫不及待也回念寢門奉養之日吾父吾

母亦曾有此柔順之一候也今也雖美而吾親已杳傷何如矣然曰朞可已矣將命遂人以執爨者食則竟食之矣日用所必供稻

（針鋒相對句句刺入心坎）

其是也然亦問處喪之食何食也三年以內之所食聊以盡子之哀三年以外之所食又難以報親之德獨何以置罔極之深恩而竟快然自養也還念家庭視膳之常吾為人子亦嘗有此洗腆之一日也今也稻雖登而子職罔供悲可知矣然曰期可已也將閱歲坎于饔人者食之亦竟食之矣則是舊穀之既沒可不必執桮棬而生哀也新穀之既升亦不必撫几筵而增愴也由是以推雖禮亦可行也曰久矣禮之不為我設也揖讓以將之即嘉美可以適口而稻以何不可

食。且由是以推，雖樂亦可作也，曰久矣乎之不托于音也。笙簧以侑之，即燕衎可以怡情，而食又何必不于稻。第食引一長食，獨不念吾親已不食新，即貴四時之異物，告利養于薦寢，猶痛其無及也，而顧儼然食稻，其食之下咽也耶。然充子為期之說，即食稻猶未已也，方付以衰疏之服，非所宜于朞以後也，而且為之衣錦。

對偶佳

文情婉孌，冬簷八義，尤未易才。真學院原批

才調富有，操筆立就，自工穩也。一往悱惻淋漓，會悲引泣，令人不能卒讀。天苞至性過人，故其發而為諸文者如此。吾素嫉夫一望黃茅白葦，專以多篇欺人者，往往七義八義，按之實無一字雖

○○○食旨不甘聞樂不樂

王宇春

按聲味於悲者之心必不入矣蓋情結於悲乃不復移於旨與樂耳甚矣君子之善居喪也且人當斬焉衰絰之中而食不辟肉庭不徹懸以為是情之固然而不可禁也而不知此正其不及情者耳若夫君子之居喪何如哉神有所獨往直將屏味而塞聽者當其食之聞則身為政矣境有所偶值或多諂口而娛聽至問其甘

觸字　嘗字

細

與樂則心為政矣故夫君子之為食為聞非變也而惟觸之於執喪之日始有異焉人世之為旨為樂非變也而用以嘗執喪之君子又有異焉意食者其非旨耶何以與飦粥之味不類也甘旨耶

見又何緣而入吾口也豈曰甘之而姑置之試令稍嘗一嘗此中（從安字對勘）固有味入而倍慘者雖謂甘脆肥醲不啻腐腸之藥可也意聞者（借用方合）其非樂耶何以與咽泣之聲不類也其樂耶則又何緣而入吾耳也豈不樂之而姑試之即或稍奏一闋此中固有聲聲而轉傷者（天成對序）聆請鍾鼓管籥不啻疾首之音可也欲為親薦時食而親已不及（更巧合）享欲為親奏嘉樂而親已不及聆何暇此自娛乎臨喪者不能甘一飯之飽乎喪者尚為輟一日之歌矧其氣氣在疚乎蓋真悲（意都刻除）蘊結於一腔則神明亦索然中槁故樂於口聲於耳五官若觸而不靈至痛旁皇於百節則嗜聽皆瞿然內通故甘亦苦樂亦哀七

情只并而偏用此固居喪之所必至者而行之則惟君子矣全是訣想以形容其不安實說如何食旨聞樂則君子不已放於禮法之外乎妙在只寫觸處悲迷大意恍恍惚惚無一滞句

食旨不

王

怨乎

順治壬辰　郭濬

窮讓國之隱、、、、、、為爭者寬也蓋夷齊交讓而舉無益于讓、怨乎之問、直欲為輒鮮耳、子貢窮其隱曰、賜嘗目擊時事而知夷齊讓國則誠賢人也然守經之賢人恒審其所安事畢而中懷悲暢獨創之（從古賢人分析出來以時起然字）發人好為其所難氣平而圖慮乃出故兩人之心迹非必有異而立名太高者每餘隱憾于人情兩人之初終非不類殊而俠烈已（頂獨創意說下）委者究亦釀成其孤憤則吾且問夷曰命不可廢以有弟在弟讓（步步為乎字布勢）而至于逃則弟心亦足諒矣而必以長從明其高是予己以不背（未云如此）父之名處弟以背父之寔也夷安乎則吾且問齊曰倫不可奪以（描寫怨所生也）

有兄在兄讓而去于繼則兄心亦可明矣而欲令中子嗣其國是
自處于不弟併處中子以不孝不弟也齊安乎則使中子起而謝
曰兄去以命弟去以倫吾兩無處也敢因以爲利卒亦去不立是
朱云入添出叩
予嫌多葛藤矣讀難簡辭愈實愈逼
顧卒爲無父無君也求安乎齊安乎則兄爲之辭曰揚絕世之清
太不久有多少係速
名以榮孤竹於考無恨獨不令異路而食一朝幾斬也可若何則
君爲之辭曰留首陽之片石以還商家于忠無愧獨不思天朝賜
未云又存出忌字誕佳
履勿克自守也可若何乃至無聊之甚而始發一歌曰我適安歸
當悲嘯之餘而復轉一語曰命之衰矣薄鉅橋之大賚忍茹苦于
蕨薇彼獨何心能不悲哉將和焉之數言幾見兵于左右祇受人

憐憎切怛耳即當日之奇（收卅詘老）綜天下所共知而晚年之心事兩人所

獨覺賜不能不轉擊節為沉吟也怨乎

此是直究隱微乃子貢善問處蓋于此際不能無少遺憾則天

理尚未得其正人心尚未得其安而當日衛事猶未可援以為

斷例也文於此際着眼○夷齊當下只是自盡使得乎天理之

正人心之安而已若夷去管齊齊去管夷夷齊又管中子則粘

帶回顧私意起而怨從此生矣作者正要從粘帶回顧中尋出

怨字根由來字字精到　朱聲始

一乎字作步步為營之勢所謂直窮到底也妙甚○自小講吽

題緊字以下層層推勘。後乃渲染題景。并入讓國以後事。以極緊字之態。非正說也。不爾筆情安得淋漓。

郊社之禮　二句

張顧

進觀其事帝者聖帝無不達已夫聖人身統天人欲制禮必先乎兩大郊社也者抑亦武周之事天如事人乎且凡言事者必稍及之詞也哉之得而及者莫乎之于制雖此後禮儀所得通以察人之意哉之不得而及者聖人之于天將祖禰臆香何南來以組豆之精而大禮說制為慈循此身下穆清之側而昭著居歆是何也蓋禮也者濟以事窮求資以事虛實虛不涉之處聖人合乎天之愛敬以大其靈采而一日之非禘嘗以實其惟于陛庭降至質以半形亦濟以事氣鋼命無疏之聞天子領萬國之尊親以觀于維獻而聖心之昭對不

□□具藏于燎瘞升山是欲郊與社禮雖不同而天與地尊足以統

□□□上帝洵煌煌無與匹上帝無日而不鑒觀者也日事以心而

□心苟縱隱微之間幽獨夜謹而不敢欺意　補普宗之本

□□□積日累之心以成嚴事之禮故雖備物四海而不敷以享

食之款通也曰此非菁西黍南猶是常祀之紛紜而乃王者潔齋之

盡勤齋外

身所以挺表敬玉于上帝之前者也上帝無地而不式臨者也心事

不言后土□□□□

之不以地而禮事之必以地有分禮因以分地而有分地終無分事

故雖縱依麗此而異散以寅清之懷異也曰此非泰壇泑水同為綏

祿之祈求而皆王者仁孝之能所以承顧審氣于上帝之微者也天

子之崇與賞不外以至天而天子有禮則非以生于天所承祀上

（南郊北社陳言於朝）
帝亦每隨所都而來饗于其國蓋未有敬天地者其德不顯未有敬
天地者其國不昌故雲雨星辉作之即見于郊丘之一日祖父雖神
（食從思文后稷克配彼天制也）（又以補配）
與顯未敢以當天而子孫神聖則進而配之于天亦在郊陳告上帝亦
若樂因其祖以食于其孫蓋得天地之道者于以禮天地亦得天地
之道者可令祖父以共禮天地而率樂陳詩讚讚已奏于宗廟之初
豈夫其家進御上帝之奉故用禮儀薰昭報之際郊社之為達孝以
制者真古今綱憲矣
將令書一讀初吉一統似紛紛南北分合紛義森儒口中移不到
此時幸乎切合并所以宗供具自銀

本朝考衛書附雅集　中庸

事天如親尊以令乃攄務盡力之能鋳手皆發真才子之筆

鄭施之　張

郊社之禮 二句 劉巗

禮莫尊于享帝而孝之至者推之也夫萬物本于天有以事之則孝
極于天矣此郊社之禮所由作哉且人之性莫大于仁而仁莫先于
異視此出事上帝源頭恰
孝孝于親與孝于天地無二理也是故惟仁人為能享帝者能通極
盡與論孝關合
于天地之性而已武周合人物所由生推孝思所極至萬物皆本天
地以成形然父乾而母坤惟大君則當宗子之任萬物皆本天地以
引：從孝推出約而鋒之旨以成文
成性然繼志而述事惟賢人則有肖子之能于是以孝于親者致孝
力矣
于天地焉凡有氣莫非天然天非但塊然之氣已也蓋有所以統是
八議禮之席
氣者為日月星辰之主焉郊以神天之道而主于陽則燔柴于泰壇

馬象陽位也其日則迎冬日之至焉取陽氣之來復也其樂則圜鐘為宮焉用陽樂也此皆以陽之類求之則天可得而禮也凡有形莫非地然地非但塊然之形已也實有所以統是形者為山川岳瀆之主焉社以神地之道而主于陰則瘞埋于泰折焉象陰位也其日則迎夏日之至焉取陰氣之潛萌也其樂則函鐘為宮焉用陰樂也此皆以陰之類求之則地可得而禮也此蓋聖人與上帝從事也何也

吾首發

夫身既為天地之宗子矣則外之所承者即天地之業而惟恐其業之不克負荷焉然上以答皇天下以答后土者不啻如孝子之應唯

歸劉孝字

敬對周旋鎮參也身既為天地之肖子矣則內之所契者即天地之

心而惟恐其心之精有間隔焉故致敬以合其精微存誠以昭其樸實者不實知孝子之視于無形聽于無聲也蓋天子與上帝分足以相統則理足以相通理足以相通則氣足以相貫是故天神降而地祇亦而潛孚乎於穆之命陰陽和而萬物得而成係乎天地之中外郊社之禮所以極幽窮微仁至而義盡者也孰非由孝之至以推之者哉

宗乎肯乎二意上闡遠孝下照治國精深宏偉足壓羣言

郊社之　劉

追王太王王季　二句　儲在文

追王上祀之典成先德也夫文武既王而太王王季不追王典公不上祀可乎周公蓋有以成之矣嘗謂情至制盡折衷天道者聖人因人性以作儀也而祖禰之親追遠之思尤篤之矣夫武王王天下首議文王禮亦宜之使周公繼厥後而太王王季與先公廟號朝如典禮未備非所以對揚光烈者也蓋太王王季于文武世近是宜王且王業所自昉尚其追之令夫受爵不敢逆受賜不敢遜于無以父之道則然而未嘗不可以遺其幾是故夏殷不追王周獨追王此為從而議之之義積曰乎小乎稱曰季一人王者縣尊之名則然而猶不

可以僉其觀見故文王受命而稱王太王王季未受命而追王此為
恭而大之之義若夫先公雖親盡而義有所綴約氣通而禮宜于隆
天子之禮上祀是以其繼緒之志也夫且自三昭三穆推之先公多
在祧毀之列而三年一祫則天子之禮必不同乎焉伯詩曰相土烈烈
然海外有截此言殷之祫先公而今自祖紺而上實祖契相土所謂
監前代而精之也抑自三昭三穆推之先公亦間在太廟之列而四
時祭則天子之禮宜已同于侯王詩曰禴祠烝嘗于公先王此言
周之祭先公尤自不窋而下暨祖太王王季謂引總祠而統之也
故以時享制烝祈乘天道其不然乎其不然也或曰古未之曰周禮

未從而武王曰太王曰王季然文王寔王者乃先王興邦啟土十四
意亦消入大結文淋所以不至壞亂
王而文始安之是周之先公皆追王也或曰非也
援據的確乃綴爲能得其大體不是塗澤字句亦非編見剿識掛
一漏百必傳于後無疑方雲皋
下文達乎諸侯大夫士庶之禮尊者上祀言也二句不用平對
與章意嚴合　成綱齋
于禮以義起前代所無之旨實串經籍以作訓後來制義中視章
大力追王一句文筆力議論皆欲相雄不相懸也

庠者養也

沈太尊觀風覆
取莆田一名林家棟

庠之義有所取、知養老之教善也、夫政所以養民、而教亦以養老、庠之義有取焉、故教于鄉者首及之、今夫王者之不緩乎三八者以養民也、而衣帛食肉、令民知養老之政、即在治地分田之中、斯衣立而教行也、由今考之、養以預乎教、而教仍不外乎養、則養民與養老、終始本末一相需以有成之義也、若是者其惟庠乎、庠以教于鄉、而[illegible]書禮樂猶未暇及、必敎此敬讓之文、教實基于庠、而興賢崇德、且待書升、必先明耆耆之意、是非言夫養乎、乞言合語、教世子者、且於明齒讓之儀、況小民輟耕之暇、而擴其知能、有不以此為亟務乎、迨今讀

首意拈來、脉縷最真、而跌題亦警切。

文情瀏亮讀之如坐光風中

七月之詩春酒羔羊躋公堂者即可介眉壽君子蓋恍然于庠之為

得題虛字之心

義矣抑適饗省醴天子視學猶退脩孝養之道況斯民釋耒餘而

念及天親有不以此為致謹乎迄今誦南山之章黍稷瓜菹獻皇祖

者即以祈壽考君子益晄然于庠之為道矣其簡不帥教則朝于庠

而習鄉之下重以上齒則朝夕之所講貫者非貴老之情乎嘆王道

說孝字不離庠

之易行祗以尊養明孝弟之行則學術道而有獲者必無忘夫始釋

字意

奠之至意其恩及庶老則在虞庠而合衆以事達其神明則學人之

所觀感者非引恬之事乎念終始典于學第以仁敬為衆喻之端則

始、起、處、歸、結、篇法始

處黨正而習業者亦共體夫命群吏之誠心蓋其始之養民也諫民

而是詩不可已也昧者不察談者笑之則以其言無此無儀朱狀而
皇然心驚也後之學者非不才則必深知其所刺之旨而於其刺之
者倍覺閔情矣怵乎鄉迹乎正詩之人又望我之逆其志而與我
寔相招其有昏然罔覺者誰耶憶昔正樂之初首釐樂章而於魯頌
登於頌而不列於風吾欲興魯之意也駉之篇可以蔽全詩之大義
深情綿渺凄切欲絕直發前人所未發
進廟中而肆之意周公之孫當有念此語而勃然興者矣祛積弱之
蔽而為奮勉之情此叙詩之微意也學士若不擴其胸懷則失魯詩一
旨何據非吾人終始之習復闕自王靈既熄魯史特興而於王詩列
興魯興周分外索解然確是夫子深情於本題合
於風而不登於雅吾欲興周之意也黍之離已失雅詩之變體降王

興字意字是互相發　唱嘆多姿

人而下之蔗平桓之後或有念及此而蹶然興者乎東方行周道而西歸見美人此又叙詩之一意也學人第領其意趣奚必王詩十篇始為吾人摩厲之一助且吾聞之商為五帝之遺則詩之中黃農虞夏可與遊寧第以回叔季之人心齊為三代之遺則詩之中禹湯文武可與語豈第以為風人之持贈依類而推而詩之可以興較然矣小子猶未之前聞乎

獨攄新情妙脫出尋常臟垢後幅説興字興會淋漓山搖五岳水動三湘才人之筆洵可畏　原評

懸空索解事外遙情添着是題佳話他作如林皆畫肉相也　師犛黃

庠者養也校者教也　越華甄別一名　陳慶榮

繹庠與校之義其事皆切於鄉也夫養老教民皆一鄉最切之事也庠校之義取乎此不可先為繹哉且自祝哽而獻隆鳩杖育才而化布鸞旂此王者以齒德之風示天下也而先以齒德之化教一鄉蓋敬孝弟於里閭尤屬特重引年之典導顓蒙於禮義建學別存化俗之方即義定名自因名思義乃知立教有深心固率子弟父兄咸使遂生而復性也庠校之設果何取哉而吾且深思其義而吾且實核其名尚齒典隆盛世早重乞言之禮試觀杖可獻文著扶鳩觥可稱儀傳酌兕事不以庠而盡制可即庠而思也推敬老之深情固已覃比閭族黨之民而咸

知齒讓成均教設聖朝久存啟迪之方試思麗也逢辟雍布化馬也蹻泮水音流典不於校而識義可因校而核也廣成材之雅意乃更合於魯愚蒙之類而悉受陶鎔夫然而庠校之名可繹矣入上庠而請業豈獨無就傅之文而庠之義不在此也按几以引高年人與犯齒肆筵以祈壽考勝有常珍於造士之區而示以祈年之義知取意良甚深也庠者養也遊鄉校以觀風豈盡蹈遺年之失然校之義有專屬矣術崇以四陶淑在禮樂詩書物訓以三範圍於知仁聖義卽作人之地而寓以覺世之心知立義原有在也校者敎也然而敎養之規已無存矣氣轉溝壑誰歌胡考之髦士競縱橫莫述先王之道休風難復覩徒撫往制以流連當亦溯庠校者所增感慨也顧其名正可按耳

庠以敬禮讓而執爵執醬介壽者歡洽鄉閭校以大裁成而學禮于詩橫經者人懷絃誦遺規足考猶得於耳聞目見之下細繹其名又豈獨庠之言詳校之言效為可即諧音以釋之哉然而庠校之義原可思矣虞庠之制未湮不難講介眉之典鄭校而人可法何難變更解之談舊制尚可稽因即成規而復按當亦念庠校者所切低徊耳盡其義猶未泯也於庠講養老之文則觥洗成風民樂聲中而服覺於校論教人之術則秀良成俗士與司馬而同升教化可興猶堪即昔時隆盛之規追詳其制又豈但人皆蒙養士盡受教為足見德化之施行哉追觀序之習射不可更繹乎

庠者養也

長沙府學一等一名　熊世昌

原庠所由設義有取夫養焉夫庠之設所以敎於鄉也明其為養庠豈虛設哉且為國者將使老老長長之化行於一鄉非可以家至而戶說也禮始諸飲食隆之以其文而尊卑自著道達乎州巷萃之以其地而愛敬自生古聖王遺年有戒早於閭里昭示其端一為溯厥規模觀於鄉而知王道所首重矣如庠之設於行助時者何哉今夫族黨比閭之際望莫重於老成而餐食燕衎之儀久即沿為習俗唯然而庠之義有可言矣地尚遠於成均則風氣每隣於喬野非徐以導其天性將豆觴受懇或猶習為犯齒而不知故庠之制隆而天下凜然識長幼之節人

始升於閭左則性情或近夫澆漓非默以端其本原將乾餱有愆漸至流於失德而不覺故庠之名立而天下隱然知敬讓之文爰考其義蓋取諸養焉且夫養有不僅見於庠者有分見於庠者其不僅見於庠者天子臨雍而拜禮崇於憲德典重於乞言適饌省醴朝廷時廑乎覲貴之尊而衆著於引年之意此養之隆於國者也其分見於户者儒生奉席而前侍立謹其儀哽噎致其祝肆筵授几子弟日習於獻酬之地而陰消其犯上之萌此養之著於鄉者也大抵閭閻各邑一忠順之忱無以導之則不出一遊於庠而養之義昭然矣夫草野各安耕鑿未獲覲執爵饋醬之隆文乃築場納稼以來春酒羔羊躋公堂者即可介眉壽則敬老之至意直徧達於鄉閭推斯義也養取諸頤而

期頤之望重養道於畜而孝畜之道罔不可於庠得其概也哉
大抵類蒙各具一孝敬之性有以感之而愈生一觀於庠而養
之義曉然矣夫編氓僻處田間詎足識三老五更之盛典乃依
士媚婦而外獻香椒馨為酒醴者且以奉胡考則益壽之深情
已共著於鄉里誰斯義也庠言乎詳而詳備之誼明庠近於祥
而祥和之化洽不可於養想其盛也哉試進言乎校與序之義

詞旨諧適

庠者養也校者　周曰庠　　河陽集　潘澤霖

即鄉學以繹其義復核其命名所自焉夫養教射鄉學之義也
為庠其命名所自夏殷周不可並舉乎且嘗觀於鄉而知王道
之易易也聖朝首重引年而鼓篋懸弧其義別者其制異帝世
聿興教化而設豐洗觶其事判者其名分意本曲成而文詳訓
示試為顧名思義殊覺一鄉之涵濡舊澤者有由也助法既行
恒心宜復矣試即庠校序之在鄉者一繹之臣得因其命名而
先觀其取義焉釋庠而繫以羊似為酌兕者重羔羊之祝釋校
而念夫交似為執雉者慎交游之擇釋序而取乎予似為樹鵠
者嚴于奪之條崇齒長選賢能與揖讓義殆由是起歟且夫庠

為我周養老之典而乞言加禮則立教之意隆矣執爵鳴謙則習射之儀肅矣似校與序早已賅其內有不知義可相兼名有各當也況乎庠之音同祥祥徵上壽則養宜校之解近按按在中年則敎宜序之訓通榭榭以習禮則射宜其義不可參觀而得乎世風之壞也鳩杖誰陳泥塗已虛尚齒鶉音莫化中田誰篤譽髦鴻臚徒矜在野是知觀德哲王之大法難求諸學士之推詳矣循聲定制能勿即此義而次第陳之臣復因其取義而追溯其命名焉有苗格而文德誕敷禪受在帝廷不可使天下徒躭燕侯芭藥除而人心未靖共球來萬國不可使天下仍啟鴟張秉旄麾而多士景從開國已暮年不可使天下罔知鮐視錫九疇警三風詳八誥名由此隮興鄉且夫校為夏朝建立之

規而為斆學半殷亦由是校之義矣游於鄉校周亦不改校之名矣似庠與序無庸別為白者不知名或相沿義仍各取也況乎夏之時司徒初命而德敎宜先故曰校殷之時九圍已式而禮射宜行故曰序周之時大老來歸而尊養宜備故曰庠其名謂非因地而施乎流澤之長也紹后夔之敎胄而敷四海者木鐸宣猷消桀驁以戎兵而播鄉閭者琱弓示讓卜非熊於賜履而頌里閈者華黍賡詩成憲之堪稽應不獨當王之可貴矣籍去文存所願即此名而殷勤誌之因義立名而規模具焉不可由鄉學而觀國學乎

浩氣流行無虛廓語